Nadja Fügert • Ulrike A. Richter

WISSENSCHAFTSSPRACHE VERSTEHEN

Lösungen und Praxishinweise

Ernst Klett Sprachen
Stuttgart

1. Auflage 1 12 11 10 9 8 | 2029 28 27 26 25

www.klett-sprachen.de

Redaktion: Eva Neustadt, Claudia Kreuzer
Layoutkonzeption: Marion Köster
Satz und Gestaltung: DOPPELPUNKT, Stuttgart
Umschlaggestaltung: Andreas Drabarek
Druck und Bindung: Digitaldruck Tebben GmbH, Biessenhofen

Printed in Germany
ISBN 978-3-12-675299-2

INHALT

VORWORT

Bundesdeutsche Hochschulen sind gefragt wie nie

Die Zahl internationaler Studierender an deutschen Hochschulen wächst stetig. Deutschland ist damit eines der wichtigsten Gastländer für Studierende aus dem Ausland.

Eine der zentralen Herausforderungen für internationale Studierende ist die Integration in den Studienalltag und das soziale Leben in Deutschland. Ob die Integration gelingt, ist abhängig von verschiedenen Faktoren. Dazu gehören der Umfang der Sprachkenntnisse, Studien- und Alltagsvorbereitung, die Studienfinanzierung, das Vorhandensein von beruflichen Perspektiven etc.

Die Hochschulen sind also in zweierlei Hinsicht gefragt: Sie sind bei internationalen Studierenden beliebt und sie stehen in der Verantwortung, gute Studienbedingungen zu schaffen. Entsprechend wichtiger werden Vorbereitungskurse, Sommerschulen, studienbegleitende Deutschkurse, Tutorien und Mentoring-Programme. Derzeit stehen für diese Formate nur wenige Lehrwerke zur Verfügung. Die Reihe *Deutsch für das Studium* schafft hier Abhilfe.

Die Reihe Deutsch für das Studium

Viele Deutschlerner_innen wollen bzw. müssen nach dem erfolgreichen Abschluss von Niveaustufe C1 das Deutschlernen fortsetzen. Für jene, die eine Berufstätigkeit aufnehmen, gibt es mittlerweile zahlreiche Lehrwerke im Segment ‚Deutsch für den Beruf', die das notwendige Vokabular sowie die relevanten Grammatikstrukturen und die frequenten Sprachhandlungen des Berufslebens vermitteln.

Deutlich anders ist die Situation für jene, die sich auf ein Studium an einer bundesdeutschen Hochschule vorbereiten. Haben sie die Sprachprüfung für den Hochschulzugang bestanden, stehen ihnen kaum noch Lehr- und Lernmaterialien zur Verfügung, die sie mit dem an den Hochschulen geforderten Sprachgebrauch vertraut machen. Häufig wird an den Hochschulen die Kenntnis der studentischen Textsorten vorausgesetzt; die Studierenden sind vom ersten Semester an damit konfrontiert, eigenständig Texte verfassen zu müssen. Häufig kennen sie allenfalls aus den Mittelstufenlehrwerken frequente Grammatikstrukturen, wie z.B. Partizipialkonstruktionen und Nominalisierungen, haben diese allerdings selten in einem Textzusammenhang oder in Schreibprozessen angewendet. Hinzu kommt – wie beim muttersprachlichen akademischen Nachwuchs auch – ein häufig lückenhaftes Wissen über die Techniken wissenschaftlichen Arbeitens, z.B. das Exzerpieren und das Zitieren.

Die Reihe *Deutsch für das Studium* ist eine Sammlung praxiserprobten Lehr- und Lernmaterials, das für studienbegleitende Deutschkurse ebenso tragfähig ist wie für das Selbststudium. Die Text- und Schreibkompetenz der Lernenden soll nicht allein mittels der grundständigen Elemente des Fremdsprachenunterrichts verbessert werden, sondern auch dadurch, dass die Gepflogenheiten des bundesdeutschen Wissenschaftsbetriebs sowie die Techniken wissenschaftlichen Arbeitens betrachtet werden.

Pädagog_innen, die wissenschaftliches Schreiben unterrichten, wissen oft zu wenig über die kulturell geprägten Regeln des deutschen Wissenschaftsbetriebes. Denn diese Aspekte bleiben im DaF- bzw. DaZ-Studium meist unterbelichtet. Zudem erschließen sich diese Regeln erst durch den interkulturellen Vergleich; in der eigenen Kultur kommen sie als objektiv und universell daher. In der Folge beschränken sich viele Lehrkräfte darauf, Stilistik und Grammatik zu unterrichten.

Deutsch für das Studium stellt Lehrmaterial zur Verfügung, das der Komplexität der Vermittlung der akademischen Schreibkompetenz Rechnung trägt. Es leistet den Brückenschlag zwischen akademischer Forschung und praktischer Anwendung. Aktuelle Forschungsergebnisse werden in die Praxis von Sprachunterricht, Schreibworkshops und Schreibberatung übersetzt und damit nutzbar gemacht.

Aufbau der Reihe

Band 1: Wissenschaftssprache verstehen
Band 2: Wissenschaftlich arbeiten und schreiben
Intensivtrainer zu Band 2
Band 3: Gesprochene Wissenschaftssprache

Hinweise zur Arbeit mit der Reihe

Für das Unterrichten in interkulturellen Konstellationen werden folgende Empfehlungen gegeben (Fischer / Kopp 2007: 69 ff.): Lehrende sollten die Lernenden mit unterschiedlichen Lehr- und Lernkulturen vertraut machen. Sie sollten vieles explizit machen, z. B. Ziel und Gebrauch neuer Methodologien erklären und Unterstützung anbieten. Das Design der Lernumgebung sollte die unterschiedlichen kulturellen Regeln für Interaktion und Kommunikation berücksichtigen. Das wird z. B. durch die Einrichtung eines individuellen Beratungsangebots und die Etablierung der Möglichkeit, anonym Fragen einzureichen, die im Kurs beantwortet werden, erreicht.

Deutsch für das Studium trägt diesen Erfordernissen auf verschiedenen Ebenen Rechnung. Erstens vermitteln wir umfangreiches Kontextwissen und konstatieren nicht nur, wie dieses und jenes zu handhaben ist, sondern beleuchten immer auch den Hintergrund. Dabei finden Wechsel von der sprachlichen Ebene auf die kulturelle Ebene und zurück statt. Abwechselnd nehmen wir mal das große Ganze in den Blick, dann widmen wir uns wieder den Details.

Zweitens finden sich in allen Kapiteln die folgenden didaktischen Elemente:

- **Praxisrelevanz:** Verständliche Schritt-für-Schritt-Anweisungen zum Lesen und Schreiben. Zahlreiche Übungen mit authentischen Wissenschaftstexten sowie mit authentischen, korrekturbedürftigen studentischen Texten. Redemittellisten, Grammatik-Übersichten, Checklisten sowie Feedback-Instrumente.
- **Kontrastive Perspektive:** Interkultureller Vergleich von Wissenschaftskulturen und -sprachen; Bewusstmachung der eigenen kulturellen Prägung als Wissenschaftler_in.
- **Empowerment**: Auflösen bestehender Unsicherheiten und Irritationen durch das Sichtbarmachen subtiler Spielregeln wie dem akademischen Bluff; Reflexion der eigenen Kompetenzen sowie deren gezielter Ausbau; Schreibübungen, die mit Methoden des kreativen Schreibens arbeiten und die Freude am Schreiben fördern, Erfolgserlebnisse schaffen und Schreibblockaden vorbeugen.

Das Buch können Sie mit Ihren Kursteilnehmenden chronologisch durcharbeiten oder für ausgewählte Themen nutzen. Es eignet sich für Intensivkurse ebenso wie für regelmäßige Angebote.

Diese Handreichung für Lehrende enthält neben den Lösungen ausführliche Empfehlungen für den Einsatz im Unterricht. Bei allen selbsterklärenden Aufgaben können wir auf Erläuterungen verzichten, weil das Lehrbuch für Kurse ebenso wie für Selbstlernende konzipiert ist. Wo didaktische Kommentare nötig sind, geben wir sie.

Die Autorinnen

Nadja Fügert studierte Deutsch als Fremdsprache und Französistik. Seit 1999 ist sie tätig als Dozentin für Deutsch als Fremdsprache, u.a. am Studienkolleg zu Berlin, am Wissenschaftskolleg zu Berlin sowie am Centre Marc Bloch, sowie seit 2008 Autorin und Redakteurin für Deutsch als Fremdsprache.
Kontakt: n.fuegert@yahoo.de

Dr. Ulrike A. Richter studierte Empirische Kulturwissenschaft/ Europäische Ethnologie, Politikwissenschaft, Allgemeine Rhetorik sowie Gender Studies und promovierte in der Organisationssoziologie. Seit 2010 ist sie unter dem Label „Die Forscherei" als Dozentin und Beraterin an Hochschulen tätig.
Kontakt: ulrike.richter@die-forscherei.de

Zitierte Literatur:

DAAD (2018): Problemlagen und Herausforderungen internationaler Studierender in Deutschland. Ergebnisse einer qualitativen Vorstudie im Rahmen des SeSaBa-Projekts. Online abrufbar unter: https://static.daad.de/media/daad_de/pdfs_nicht_barrierefrei/der-daad/analysen-studien/veroeffentlichungen_vorstudie_pineda_2018.pdf

Fischer, Bettina / Kopp, Birgitta (2007): Evaluation of a Western training concept for further education in China. In: Interculture Journal, 4, S. 57–75.

www.wissenschaft-weltoffen.de

Studieren an deutschen Hochschulen

Hintergrund

In Kapitel A greifen wir **die komplexen, alltagspraktischen Herausforderungen** auf, mit denen sich die Studierenden konfrontiert sehen. Es geht darum,

- mit den Kursteilnehmenden daran zu arbeiten, der individuellen Überforderung entgegenzuwirken, die sich aus diesen Anforderungen ergeben kann.
- ihre Irritationen zu reflektieren und positive wie negative Erfahrungen einzuordnen.
- sie zu ermutigen und ihnen konkrete Handlungsstrategien aufzuzeigen sowie
- ihnen nahezulegen, sich Verbündete in der Institution und unter den Studierenden zu suchen.

Wir empfehlen, dass Sie sich viel Zeit für dieses einführende Kapitel nehmen und die Themen intensiv behandeln. Zwar stehen diese nicht in unmittelbarem Zusammenhang mit den Fragen des wissenschaftlichen Arbeitens und Schreibens, aber sie stecken den Rahmen ab, in dem das wissenschaftlichen Arbeiten und Schreiben praktiziert wird. **Je mehr Sie die Kursteilnehmenden von den allgemeinen Organisationsfragen entlasten, umso konzentrierter können sie sich allen Detailfragen des wissenschaftlichen Arbeitens und Schreibens zuwenden.** Zudem führen Sie frühzeitig eine Arbeitsweise ein, die sich als roter Faden durch alle Kapitel des Buches zieht: sich durch Selbstreflexion und durch den Austausch mit anderen der eigenen Erfahrungen bewusst zu werden, praktische Übungen zu absolvieren, Hintergrundinformationen zu verarbeiten – im Kurs wie im Studienalltag.
Das Kapitel A enthält auch eine Einheit zum Autonomen Lernen, denn die Kursteilnehmenden werden beim wissenschaftlichen Arbeiten über weite Strecken autonome Lernende sein (müssen). Es wird die Kulturspezifik des Lernens aufgezeigt; es wird geklärt, welche Strategien die Kursteilnehmenden bislang anwenden; es wird erklärt, was Autonomes Lernen ist und welche Strategien dazu gehören; es werden Verhaltensänderungen angeregt.

Auftaktseite

Mit Hilfe der Illustration können Sie die Kursteilnehmenden dazu anregen herauszufinden, wie groß die **Diskrepanz zwischen den eigenen Erwartungen an das Studium in Deutschland und der persönlich erlebten Realität** ist. Hier bietet es sich an, auch die damit verbundenen Emotionen – positive wie negative – anzusprechen. Wenn die Kursteilnehmenden nicht von sich aus darauf eingehen, können Sie vorsichtig nachfragen. Die kulturellen Regeln, nach denen es in einigen Kulturkreisen leichter, in anderen unüblicher ist, über die eigenen Gefühle vor einer Gruppe vergleichsweise fremder Menschen zu reden, sollten hier berücksichtigt werden.

Sie können die Aspekte, die die Kursteilnehmenden benennen, für alle visualisieren, um in den folgenden Sequenzen darauf einzugehen. Sie sollten alle gesammelten Gesichtspunkte, die mit der Lektion zu tun haben, im Laufe des Unterrichts aufgreifen. Auf diese Weise können Sie Ihren Kurs bedarfsgerecht zuschneiden und viele Unsicherheiten der Kursteilnehmenden aus dem Weg räumen.

Ankommen an der Hochschule

Die Ankunft an der Hochschule ist oft geprägt von einer Diskrepanz zwischen den Erwartungen der Studierenden und der Realität, die auch durch die im Internet verfügbaren Informationen zu Studiengängen und dem Leben in Deutschland (Infobroschüren, Werbeflyer etc.) entsteht. Viele Studierende sind lange mit der Organisation des Alltags und mit den bürokratischen Abläufen beschäftigt, sodass der Studienstart durchaus nicht sofort erfolgreich gemanagt werden kann. Unterstützungsangebote sind daher sehr wichtig, um die Ankommensphase gut zu meistern. **Allerdings gehen wir davon aus, dass es nicht ausreicht, den Kursteilnehmenden zu sagen, welche Unterstützungs- und Beratungsangebote an ihrer Hochschule existieren.** Vielmehr muss ihnen auch die Sicherheit vermittelt werden, sich angemessen im Hochschulsystem bewegen zu können. Die wenigen existierenden empirischen Studien zu jungen Menschen, die als Erste ihrer Familie ein Studium beginnen, zeigen, worin die Hemmschwelle besteht, Angebote in Anspruch zu nehmen: Jene, die offiziell Beratung anbieten – sei es die Zentrale Studienberatung oder einzelne Dozent_innen – werden als Autoritäten wahrgenommen. Die ‚Arbeiterkinder' scheuen den Kontakt zu ihnen, weil sie sich auf unangenehme Art und Weise in ihre Schulzeit zurückversetzt, also klein, dumm und ausgeliefert fühlen. Zudem sind sie unsicher darüber, welche Vorbereitung von ihnen im Vorfeld erwartet wird und schlagen sich, um vermeintliche Peinlichkeiten vorzubeugen, lieber irgendwie alleine durch.
Vermutlich lassen sich diese Befunde auf internationale Studierende übertragen, denn auch diese bewegen sich auf für sie unvertrautem Terrain; sie erleben Verunsicherungen und Irritationen. Hinzu kommt in vielen Fällen die Sprachbarriere.

Weiterführende Literatur:

DAAD (2018): Problemlagen und Herausforderungen internationaler Studierender in Deutschland. Ergebnisse einer qualitativen Vorstudie im Rahmen des SeSaBa-Projekts. Online abrufbar unter: https://static.daad.de/media/daad_de/pdfs_nicht_barrierefrei/der-daad/analysen-studien/veroeffentlichungen_vorstudie_pineda_2018.pdf, S. 17/18

Schmitt, Lars (2014): Der Herkunft begegnen … – Habitus-Struktur-Reflexivität in der Hochschullehre, in: Diversität konkret. Handreichungen für das Lehren und Lernen an deutschen Hochschulen, Heft 1/2014. Online abrufbar unter: https://www.uni-due.de/imperia/md/content/diversity/diversit%C3%A4t-konkret_herkunft.pdf

Schmitt, Lars (2010): Bestellt und nicht abgeholt. Soziale Ungleichheit und Habitus-Struktur-Konflikte im Studium, Wiesbaden: Springer VS.

1 Akademische Willkommenskultur

a Die Programme PROFIN und STIBET werden vom Deutschen Akademischen Austauschdienst (DAAD) koordiniert. Sie ermöglichen es den Hochschulen, ihren internationalen Studierenden und Promovierenden Unterstützungsangebote zu machen. Das ist deshalb wichtig, weil man aus Studien weiß, dass die Gäste aus dem Ausland oft unter sich bleiben, was ihren Studien- bzw. Promotionserfolg beeinträchtigt.

2 Basisvokabular

a

Akademische Begriffe

AStA	Der Allgemeine Studierendenausschuss ist ein gewähltes Gremium und vertritt die studentischen Interessen innerhalb der Hochschule.
Credit Points	Auch Leistungspunkte (LP) oder ECTS-Punkte genannt. Jeder Lehrveranstaltung ist – entsprechend dem Zeitaufwand – ein LP-Wert zugeordnet.
Dekanat	Jede Hochschule hat Fakultäten und Fachbereiche. Für jede Fakultät bzw. jeden Fachbereich gibt es eine Verwaltung, die Forschung und Lehre organisiert.
Fachschaft	Eine Gruppe von Studierenden, die sich um die Belange des Fachbereichs kümmert, z.B. Einführungswochen organisiert. Jede_r Studierende kann mitmachen.
Handapparat	Eine Sammlung von Fachliteratur, die wichtig für ein Seminar ist. Steht in der Bibliothek bereit und darf nur dort benutzt werden.
Immatrikulationsamt	Auch ‚Studierendensekretariat' genannt. Hier schreibt man sich für ein Studium ein, um offiziell an der Hochschule studieren zu können.
Kommentiertes Vorlesungsverzeichnis	Wird vor jedem Semester veröffentlicht, enthält alle Vorlesungen und Seminare und beschreibt die Inhalte sowie die Teilnahmevoraussetzungen.
Numerus clausus	Bezeichnet die Einschränkung der Zulassung an Hochschulen. Gibt es weniger Studienplätze als Bewerber_innen, werden Regeln formuliert, nach denen die Plätze vergeben werden.
O-Woche	Steht für ‚Orientierungswoche'. Wird von den Fachschaften organisiert. Es geht darum, den Einstieg ins Studium durch Informationen und Kontakte zu erleichtern.
Studienordnung	Hier sind die Studienziele und die Inhalte des Studiengangs beschrieben. Häufig enthält sie auch einen Studienablaufplan, in dem geregelt ist, welche Lehrveranstaltungen und welche Module zu absolvieren sind, um die Regelstudienzeit einzuhalten.
Tutorien	Begleitend zu Vorlesungen und Seminaren werden Veranstaltungen angeboten, in denen das Erlernte vertieft wird. Die Teilnehmenden können alles fragen, was sie in Vorlesung oder Seminar nicht verstanden haben.
Vorlesungsfreie Zeit	Auch ‚Semesterferien' genannt. Die meisten Studierenden arbeiten in dieser Zeit, z.B. schreiben sie Hausarbeiten und verdienen Geld.
Prüfungsordnung	Hier sind Inhalte, Anforderungen, Zeitpunkt und Verfahren der Prüfungen geregelt. Die Studierenden erhalten dieses Dokument in dem für ihr Fach zuständigen Prüfungsamt oder online im Rahmen der Beschreibung des jeweiligen Studiengangs.
Propädeutikum	Der Begriff ist ein Synonym für ‚Einführungsveranstaltung'. Das ist ein Kurs, der die Grundlagen eines Faches vermittelt.

b 1b, 2a, 3c, 4c, 5c

c **c. t.**: Die meisten Vorlesungen und Seminare beginnen eine Viertelstunde nach dem offiziellen Anfangstermin. Im Vorlesungsverzeichnis ist c. t. vermerkt. Das steht für *cum tempore* und bedeutet ‚mit Zeit'. **s. t.**: Veranstaltungen, die keine Viertelstunde später (= „akademisches Viertel") anfangen, haben das Kürzel s.t. Sine tempore bedeutet ‚ohne Zeit'. **SWS**: Die Einheit ‚Semesterwochenstunde' wird an Hochschulen benutzt, um den Zeitaufwand der Studierenden für eine Lehrveranstaltung anzugeben. 1 SWS entspricht einer Veranstaltung, die ein Semester lang wöchentlich 45 Minuten dauert. **ECTS**: European Credit Transfer System – Ein Bewertungssystem, das eingeführt wurde, um Studienleistungen europaweit vergleichbar zu machen und Studierenden den Wechsel zwischen Hochschulen verschiedener Länder zu erleichtern. Das System basiert auf Credit Points, den Leistungspunkten, die Studierende für eine erfolgreich abgeschlossene Lehrveranstaltung erhalten. **SoSe**: Sommersemester. Geht vom 1.4. bis zum 30.9. jeden Jahres. **WS**: Wintersemester. Geht vom 1.10. bis zum 31.3. jeden Jahres. **B. A.**: Der Bachelor, auch Bakkalaureus oder Baccalaureus (m.) bzw. Bakkalaurea oder Baccalaurea (f.), ist der erste akademische Grad, den man mit einem Hochschulstudium erlangen kann. Meist dauert ein Bachelor-Studium sechs Semester. **M. A.**: Der Master ist der zweite akademische Grad. Man erwirbt ihn nach einem Bachelor-Studium. Der Master ist die Voraussetzung für den dritten akademischen Grad, die Promotion. **NC**: Numerus clausus. **KVV**: Kommentiertes Vorlesungsverzeichnis

3 Das Studium organisieren: Ämter und Service-Einrichtungen

a ‚Fristwahrend' bedeutet, dass es eine Vorgabe (*Deadline*) gibt, bis wann bestimmte Unterlagen eingereicht werden müssen. ‚Posteinwurf' bedeutet, einen Brief in einen Briefkasten einzuwerfen. Hinter der Bitte verbirgt sich, dass einige Menschen es erst ganz knapp vor dem Ende von Fristen schaffen, ihre Unterlagen abzugeben. Mit einem ‚Nachtbriefkasten' ist man nicht auf die Öffnungszeiten des Amtes angewiesen, sondern kann seine Post zu jeder Tages- und Nachtzeit einwerfen.

b **Immatrikulationsamt (auch: Zulassungsbüro / Studentensekretariat / Studierendensekretariat)**: Hier melden sich alle Studierenden zum Studium an und vom Studium ab. Ohne diese offizielle Anmeldung (= Einschreibung, Immatrikulation) können sie keine Leistungsnachweise erbringen und keine Prüfungen ablegen. **Akademisches Auslandsamt (auch: International Office oder Welcome Center):** Hier werden alle Studierenden betreut, die aus dem Ausland zum Studium an die jeweilige Hochschule gekommen sind. Dieses Amt ist außerdem die Anlaufstelle für alle, die an einer anderen Hochschule im Ausland studieren möchten. **Dekanat:** Jede Hochschule hat Fakultäten und Fachbereiche. Für jede Fakultät bzw. jeden Fachbereich gibt es eine Verwaltung, die Forschung und Lehre organisiert. Diese Verwaltung heißt ‚Dekanat'. Hier melden sich die Studierenden häufig auch zu ihren Prüfungen an. Das Dekanat stellt auch die Abschlusszeugnisse aus. **Bibliotheken der Hochschule und der Fachbereiche bzw. Institute**: Die Bibliotheken stellen die Fachliteratur zur Verfügung. Angehörige der Hochschule haben zudem freien Zugriff auf eine große Anzahl elektronischer Fachzeitschriften und E-Books. Üblicherweise können in der Universitäts- bzw. FH-Bibliothek alle Titel entliehen werden. Die Bibliotheken der Institute hingegen sind häufig Präsenzbibliotheken. Das bedeutet, dass die Bücher nur vor Ort genutzt werden können. **Rechenzentrum (auch: Computer- und Medienservice)**: Das Rechenzentrum stellt Computer sowie Software zur freien Benutzung für Hochschulangehörige zur Verfügung. Außerdem ist es für die Administration des hochschulinternen Intranets zuständig.

c **Immatrikulation**: Alle, die an einer Hochschule studieren möchten, müssen sich einmalig vor Beginn des Studiums einschreiben, also immatrikulieren. Dabei prüft die Hochschule, ob alle Voraussetzungen für das Studium erfüllt sind. **Rückmeldung**: Alle Studierenden, die ihr Studium fortsetzen wollen, müssen sich vor jedem Semester rückmelden. An manchen Hochschulen verschickt die Verwaltung automatisch per Post eine Rückmeldeaufforderung. Für die Rückmeldung sind Fristen festgelegt, die auf den Webseiten der jeweiligen Hochschule veröffentlicht sind. Die Rückmeldung erfolgt mit der Überweisung des Semesterbeitrages auf das Bankkonto der Hochschule. **Anmeldung zu Lehrveranstaltungen**: Hat man sich mit Hilfe des kommentierten Vorlesungsverzeichnisses für die Seminare und Vorlesungen entschieden, die man im jeweiligen Semester absolvieren will, muss man sich üblicherweise für die Teilnahme anmelden. Die Anmeldung erfolgt über das Intranet der Hochschule bzw. über ein elektronisches Portal, das eigens für diesen Zweck betrieben wird. Es ist wichtig, sich rechtzeitig vor dem neuen Semester die Planung des Studiums zu überlegen, um nicht die Anmeldefristen zu verpassen. **Abgabe von Hausarbeiten oder anderen Prüfungsleistungen**: Nach der Teilnahme an Seminaren werden häufig schriftliche Arbeiten verfasst, üblicherweise in der vorlesungsfreien Zeit. An einigen Instituten vereinbaren die Studierenden mit ihrem/ihrer Dozent_in einen individuellen Abgabetermin für ihre Arbeit. An anderen Instituten gibt es dafür offizielle Fristen; es ist festgelegt, wann die Hausarbeiten, Essays oder Projektarbeiten spätestens abgegeben werden müssen. Anmeldung zu Prüfungen: Am Ende jedes Semesters finden in vielen BA- und MA-Studiengängen Modulabschlussprüfungen statt. Die Anmeldezeiträume und Prüfungstermine finden sich auf den Webseiten des Prüfungsbüros des jeweiligen Instituts.

4 Beratungsangebote

a **International Office**: Hier werden sowohl die Studierenden betreut, die aus dem Ausland kommen, als auch jene, die ins Ausland gehen. Beide Gruppen erhalten hier Beratung und Unterstützung in allen organisatorischen Fragen. **Tandem-Börse**: Dieses Online-Angebot ist für alle gedacht, die gemeinsam mit einem/einer Tandem-Partner_in ihre Sprachkenntnisse vertiefen wollen. **Allgemeiner Studierendenausschuss (AStA):** Hier finden internationale Studierende andere Studierende, die sich für gute Studienbedingungen und für eine gelungene Integration internationaler Studierender einsetzen. **Allgemeine Studienberatung**: Das ist die Anlaufstelle für Studieninteressierte ebenso wie für Studierende. Telefonisch oder persönlich lassen sich sämtliche Fragen klären, die man sich selbst nicht beantworten kann. **Sprachenzentrum**: Diese Einrichtung bietet Sprachkurse an und zwar als Präsenz-Seminar in einer Lerngruppe und/oder als virtuelles Seminar zum Selbstlernen. Es gibt eine Vielzahl an Sprachen, die gelernt werden können, auf unterschiedlichen Sprachniveaus.

b **1 Anna** kann sich in der Deutschen Wissenschaftssprache noch nicht so gut ausdrücken, wie sie das gerne möchte und notwendig findet, um eine gute Hausarbeit zu schreiben. Sie könnte passende Angebote des Sprachenzentrums recherchieren und sich für einen Kurs anmelden. Sie könnte auch eine/einen Sprachpartner_in suchen, um regelmäßig deutschsprachige Wissenschaftstexte zu besprechen, die sie selbst verfasst hat. **2 Yi** fühlt sich damit überfordert, das Studium selbst organisieren zu müssen. Unterstützung gibt die Allgemeine Studienberatung. Yi könnte einen Termin für eine persönliche Beratung vereinbaren. **3 Mary** plant ein Auslandssemester und ist ratlos in vielen organisatorischen Fragen, die ihren Hochschulwechsel betreffen. Sie könnte all ihre Fragen aufschreiben und damit zum International Office gehen, um sich dort beraten zu lassen. **4 Karim** war bisher vor allem mit Bürokratischem und Organisatorischem beschäftigt. Um das Gefühl, im Studium den Anschluss verloren zu haben, loszuwerden, könnte er ein persönliches Gespräch bei der Allgemeinen Studienberatung vereinbaren. Hier würde er Hilfe bekommen, um eine Checkliste für seine Studienorganisation zu erstellen. Die könnte er dann Schritt für Schritt abarbeiten. **5 Jêrome** könnte sich auf die Suche nach anderen Studierenden machen, denen es ähnlich geht. Gleichgesinnte könnte er beim AStA finden, vielleicht auch über die Tandem-Börse.

Kulturspezifik von Kommunikation

Dieses Unterkapitel haben wir eingebaut, um einige Grundlagen der interkulturellen Kommunikation einzuführen, da wir davon ausgehen, dass nicht alle Kursteilnehmenden das entsprechende Vorwissen mitbringen. Es gibt zahllose Veröffentlichungen zur interkulturellen Kommunikation und unzählige Übungen für das interkulturelle Training; wir haben nicht den Anspruch, in diesem Buch das Thema annähernd erschöpfend zu behandeln. Aber: **Die Kursteilnehmenden sollen dafür sensibilisiert werden, dass Missverständnisse und Konflikte aufgrund kultureller Unterschiede auftreten können.** Dabei beschränken wir uns darauf, ihnen die Konzepte ‚soziale Kontexte' und ‚Kultur-Skripte' zu vermitteln, um ihnen eine analytische Perspektive auf selbst erlebte Situationen zu eröffnen, damit sie an der Hochschule erfolgreich interagieren können.
In der Einstiegssequenz wird das Beispiel einer misslungenen Interaktion zwischen einer Studentin und einer Mitarbeiterin der Allgemeinen Studienberatung eingeführt. Dieses Beispiel bildet den roten Faden durch das Unterkapitel. In dem Fallbeispiel haben wir deshalb eine offizielle Beratungssituation gewählt, weil wir uns davon erhoffen, ‚ganz nebenbei' **Hemmschwellen bei der Inanspruchnahme solcher Beratungsangebote abzubauen**. Zwar ist die beschriebene Situation zunächst problembehaftet, aber indem sich die Kursteilnehmenden darüber Gedanken machen, woran das liegt und wie es besser laufen könnte, finden sie im Idealfall den Mut, selbst aktiv zu werden und werden neugierig darauf, was sie selbst in der Beratung erleben.
Auf der Abschluss-Seite von Kapitel A wird der Bogen zurück zu dieser Einheit gespannt, indem die Kursteilnehmenden dazu aufgefordert werden, für die Studentin aus dem Fallbeispiel eine E-Mail zu formulieren und dabei das umzusetzen, was sie in den Kapiteln ‚Kulturspezifik' sowie ‚E-Mails schreiben' gelernt haben. Wir empfehlen Ihnen, diese Sequenz in den Kurs einzubauen, um das Thema ‚rund zu machen'.

Weiterführende Literatur:

Koptelzewa, Galina (2010): Kursbuch Leben und Arbeiten in Deutschland. Interkulturelle Kommunikation, Stuttgart.

Schroll-Machl, Sylvia (2007): Die Deutschen – Wir Deutsche. Fremdwahrnehmung und Selbstsicht im Berufsleben. Göttingen.

1 Eine verunglückte Begegnung

a Die Gründe für das Misslingen des Gesprächs könnten sein:
- das mangelnde Einfühlungsvermögen der Beraterin;
- dass sich die Studentin nicht an die Absprache hält;
- dass sich die Studentin zur Vertraulichkeit verleitet fühlt, weil die Beraterin etwa gleichaltrig ist;
- zu wenig interkulturelle Kompetenz auf beiden Seiten.

2 Soziale Kontexte und Kultur-Skripte

a

SOZIALE KONTEXTE:
Gefüge, in denen die einzelnen Menschen leben und arbeiten.

KULTUR-SKRIPTE:
ungeschriebene Regeln, nach denen sich das Denken, Empfinden und Handeln der Menschen innerhalb eines bestimmten sozialen Kontextes richtet.

b A 1, 7; B 4, 10; C 5, 9; D 2, 6; E 3, 8

3 Formelle Kommunikation an deutschen Hochschulen

a Die Aspekte, die in der linken Spalte genannt werden, beschreiben die Gepflogenheiten an deutschen Hochschulen zutreffend.

b 1 nicht zutreffend, 2 zutreffend, 3 nicht zutreffend, 4 zutreffend

4 Interkulturelle Verständigung

a Sachorientierung: 2; Beziehungsorientierung: 6; kleine Machtdistanz: 7; große Machtdistanz: 3; direkte Kommunikation: 8; indirekte Kommunikation: 5; wenig Kontext: 4; viel Kontext: 1

Erklärung der Unzufriedenheit: Die Studentin ist unzufrieden, weil sie keinen Schritt weitergekommen ist und nach wie vor nicht weiß, wie die Anforderungen an sie sind. Die Beraterin ist unzufrieden, weil sie das Gefühl hat, dass ihr die Studentin nicht richtig zugehört und dass sie ihre Zeit mit ihr vergeudet hat.

b Faktoren für eine gelingende Kommunikation:
Die Studentin zeigt Eigeninitiative und bittet die Beraterin, mit ihr zu besprechen, wie sie konkret vorgehen kann, um von ihren Dozentinnen und Dozenten ihre Fragen zur Studienorganisation beantwortet zu bekommen. Das kann z. B. bedeuten, dass die Studentin in der Beratung Formulierungen übt und von der Beraterin ein Feedback zu den sprachlichen Wendungen erhält.
Die Beraterin füllt ihre Rolle anders aus und belässt es nicht dabei, der Studentin den formal richtigen Weg aufzuzeigen. Sie ist interkulturell sensibel und findet das eigentliche Problem der Studentin heraus, nämlich dass sie Probleme damit hat, auf ihre Dozent_innen zuzugehen.

Die Spielregeln des Hochschulsystems verstehen

Dieses Kapitel ist u.a. dem Phänomen des sogenannten **akademischen Bluffs** gewidmet. Bevor dieser Begriff eingeführt und mit ihm gearbeitet wird, werden in der Einstiegssequenz die Wurzeln des akademischen Bluffs beleuchtet. Unserer Einschätzung nach können die Studierenden die befremdlichen, belustigenden, peinlichen oder wie auch immer gearteten Konfrontationen mit dem akademischen Bluff erst dann einordnen, wenn sie die Hintergründe kennen, nämlich die **strukturellen Besonderheiten des deutschen Hochschulsystems**. Mit Hilfe der kulturvergleichenden Aufgabenstellung können Sie diese Betrachtung vertiefen.

Zum akademischen Bluff haben wir mit verschiedenen Gruppen gearbeitet und immer die gleiche Erfahrung gemacht: Wir definierten zunächst nicht den akademischen Bluff, sondern stellten die offene Frage, was den Teilnehmenden zum akademischen Bluff einfällt. Ohne lange nachdenken zu müssen, gaben sie Anekdoten aus ihren Seminaren zum Besten (die in 1a wiedergegebenen Aussagen sind authentisch und stammen von Teilnehmenden unserer Kurse). Häufig hatten die Erzählungen einen belustigten Unterton, sodass sie vom Gelächter der anderen begleitet wurden. Auch wissendes Nicken war eine häufige Reaktion. Die **Aufgaben 2a bis c** sind daher für jene gedacht, die das Buch **für das Selbststudium** nutzen. Sie können sie aber als ‚Notanker' verwenden, sollte Ihre Gruppe wider Erwarten nicht von eigenen Erfahrungen berichten können.

Vielleicht hatten wir es in unseren Kursen mit eher selbstbewussten Nachwuchswissenschaftler_innen zu tun, die sich nicht verunsichern ließen durch die Merkwürdigkeiten, die sie in ihrem Studienalltag beobachtet hatten. Möglicherweise führen Bluff-Erlebnisse bei anderen Studierenden nicht zu Heiterkeit, sondern zu Sprachlosigkeit und Rückzug. Wie auch immer die Haltung der Kursteilnehmenden gegenüber dem akademischen Bluff ist, Sie als Kursleiter_in sollten das, wovon die Studierenden berichten, als deren individuelle Erfahrung gelten lassen und von Bewertungen absehen. Es gibt nicht *die* richtige Perspektive auf den akademischen Bluff und auch nicht *die* richtige Art und Weise, damit umzugehen. Sie sollten außerdem die Kursteilnehmenden davon abhalten, sich gegenseitig zu belehren oder Ratschläge zu erteilen.

Um die Thematik zu vertiefen, regen wir an, dass Sie die Teilnehmenden nach der Einstiegsrunde den Bluff selbst ausprobieren lassen. In **Aufgabe 2e (vorbereitend d)** liefern sie sich einen Schlagabtausch. Teilen Sie die Gruppe in zwei Parteien. Die eine sucht und notiert Pro-Argumente, die andere Contra-Argumente zum Thema Bluff. Dann treten beide Parteien gegeneinander an. Ein Mitglied der einen Gruppe liefert ein Argument und baut dieses in einen der Satzanfänge (➔ Kopiervorlage) ein. Ein Mitglied der anderen Gruppe liefert ein Argument usw. Sie sollten den Kursteilnehmenden vorab erklären, dass sie sich mit ihren Argumenten nicht aufeinander beziehen müssen. Denn wenn sie das versuchen, wird die Übung zu komplex. Sie sollen stattdessen ein Argument von ihrer Liste nehmen und dieses in eine der vorgegebenen Formulierungen einkleiden.

Einige Teilnehmende der Gruppen, mit denen wir diese Übungen durchgeführt haben, zeigten sich in der Auswertung skeptisch, ob die Formulierungen tatsächlich so plump daherkommen. Sie bezweifelten, dass sich diejenigen, die so sprechen, einen Gefallen tun und fragten, ob sich jene, die sie gebrauchen, nicht vielmehr selbst disqualifizieren. In der Tat sind die vorgegebenen Satzanfänge wenig subtil, aber sie werden tatsächlich verwendet, vor allem von Menschen, welche die Attitüde pflegen, unanfechtbar das komplette Weltwissen zu verkörpern – zu finden eher bei Männern als bei Frauen.

Nicht verzichten sollten Sie darauf, die Kursteilnehmenden zum Abschluss dieser Einheit Handlungsstrategien entwickeln zu lassen und diese möglichst konkret durchzusprechen: Wie könnte es gehen mitzuspielen? Was würde es bedeuten, sich in dieser und in jener Art zu verhalten? Muss ich mitmachen, auch wenn ich das Verhalten von Kommiliton_innen lächerlich oder peinlich finde? In der Antwort auf die Tabufrage finden sich weitere Impulse für die Reflexionsphase.

➔ Weiterführende Literatur:

Beaufaÿs, Sandra (2003): Wie werden Wissenschaftler gemacht? Beobachtungen zur wechselseitigen Konstitution von Geschlecht und Wissenschaft. Bielefeld.

Hartmann, Michael (2004): Eliten in Deutschland – Rekrutierungswege und Karrierepfade. In: Das Parlament. Aus Politik und Zeitgeschichte. 10, S.17–21. Online abrufbar unter: https://www.bpb.de/shop/zeitschriften/apuz/28480/eliten-in-deutschland/

Nissel, Katrin (2012): Campuskulturen – Ein Blick aus Deutschland auf außereuropäische Universitäten, Lehr- und Lernkulturen, Rollenverständnisse, Wissensaneignung, Wissensvermittlung: Brasilien und China im Vergleich. In: Berninghausen, Jutta: AußenEinsichten. Interkulturelle Fallbeispiele von deutschen und internationalen Studierenden über das Auslandsjahr. Bremen, S. 47–56.

Reuter, Julia (2013): Doing Science – Doing Culture. Interkulturelles Forschen als Gegenstand Interkultureller Forschung. In: interculture journal 12/20, S.11–23. Online abrufbar unter: http://www.interculture-journal.com/index.php/icj/article/view/176/295

Wagner, Wolf (2007): Uni-Angst und Uni-Bluff heute. Wie studieren und sich nicht verlieren. Aktualisierte und vollständig überarbeitete Neuausgabe. Berlin.

1 Prestige, Unsicherheit, Konkurrenz und Abhängigkeit

a Chiara / Helen / Peter: B; Paolo: D; Franka: A; Mila: C

2 Der akademische Bluff

a Der Inhalt beider Aussagen ist identisch, nur ist die eine Aussage viel komplizierter formuliert als die andere.

b Es wird beschrieben, wie ein dominantes Verhalten von Studierenden in Lehrveranstaltungen andere Studierende einschüchtern und letztendlich dazu bringen kann, sich aus dem Geschehen zurückzuziehen.

3 Selbstbehauptung

a Es sind verschiedene Vorgehensweisen denkbar. Welche Strategie Sie wählen, hängt in erster Linie von Ihrer Persönlichkeit ab und damit, womit Sie sich wohl und authentisch fühlen. Vorschläge: Den Bluff durchschauen, sich nicht einschüchtern lassen. Mitspielen hilft, die Regeln zu verstehen. Bei sich selbst registrieren, wenn man geblufft hat – nicht anfangen, sich selbst zu bluffen. Übermäßigen Respekt vor der Wissenschaft ablegen: wissenschaftliches Arbeiten als Handwerk verstehen und üben, üben, üben. Sich mit anderen austauschen und auch mal lustig machen über die merkwürdigen Verhaltensweisen der anderen.

Das eigene Lernen reflektieren – Autonomes Lernen

Ihre Kursteilnehmenden verfügen über langjährige Lernerfahrungen und damit auch über einen großen Fundus an Lernstrategien. Unter Umständen wurden sie jedoch in einer Lernkultur sozialisiert, die sie nur ungenügend auf die Lernkultur vorbereitet hat, die sie nun an einer bundesdeutschen Hochschule erleben.

Diese Kontrasterfahrung wird in **Aufgabe 1a** thematisiert, wobei der Erzählimpuls eine umgekehrte Konstellation beschreibt: Eine Belgierin löst mit ihrem Verhalten in Japan Irritationen aus. Wir kehren hier die Perspektive deshalb um, weil wir von Beginn an vermeiden wollen, eine Lernkulturnorm aufzustellen. Im Gegenteil wollen wir verdeutlichen, dass der Maßstab nicht ‚richtig / falsch' ist, sondern dass es um Funktionalität geht. Diese Funktionalität bestimmt sich über die Passung von Lernkultur und ihrem jeweiligen kulturellen wie historischen Kontext.

In **Aufgabe 1b** werden unterschiedliche Verhaltensweisen hinsichtlich des Lernens beschrieben, um die Selbstreflexion der Lernenden anzuregen. Auch hier könnte sich bei den Kursteilnehmenden der Aha-Effekt einstellen, dass es nicht die eine richtige Lernstrategie gibt, sondern dass Lernen ganz unterschiedlich praktiziert wird. Im Info-Kasten folgt die Kommentierung von Aufgabe 1b, hier wird auf die kulturelle und historische Prägung des Lernens hingewiesen. Zudem werden die lehrerzentrierte und die lernerzentrierte bzw. autonome Lernkultur eingeführt.

Auch **Aufgabe 1c** dient diesem Zweck. Die in Bonn lehrende Dozentin Christiane Florin formuliert sehr schön das Ideal der autonom Lernenden. Zugleich wird in ihren Äußerungen deutlich, dass aus ihrer Sicht die aktuelle Generation von Studierenden weit davon entfernt ist, dieses Ideal zu erfüllen. Wir wollen mit dieser Übung vermeiden, dass die Kursteilnehmenden den Eindruck gewinnen, dass hierzulande die lernerzentrierte Lernkultur in ihrer Reinform existiert und dass alle Studierenden, die im bundesdeutschen Bildungssystem groß geworden sind, die Regeln und Handlungsweisen autonom Lernender verinnerlicht haben.

Aufgabe 1d dient der Ermutigung der Kursteilnehmenden. Sie könnten auf den Gedanken kommen, dass es unmöglich ist, sich in eine neue Lernkultur hineinzufinden, vor allem dann nicht, wenn die eigene Lernkultur konträr zu der neuen steht. Die zitierte empirische Studie soll diese Befürchtungen relativieren und den Blick auf das lenken, was erreichbar ist. Den Realitätssinn der Kursteilnehmenden herauszufordern, erscheint uns hierbei wichtig. Das gelingt, indem sie dazu angeregt werden, auch die – vermeintlich – kleinen Erfolge wahrzunehmen und wertzuschätzen. Das ist wichtig für die Selbstmotivation und ein zentraler Aspekt der affektiven Lernstrategie (s. u.).

Aufgabe 1e ist die Brücke zum zweiten Kapitel, zu den indirekten Lernstrategien. Diese werden in Sprachkursen i. d. R. nicht thematisiert. Daher soll den Kursteilnehmenden zu Beginn ihrer Arbeit mit dem Lehrbuch bewusst gemacht werden, was autonomes Lernen alles umfasst: Neben den Strategien zur Lernplanung (kognitive Lernstrategien) geht es um den Umgang mit Emotionen (affektive Lernstrategien) und um das gemeinsame Lernen (soziale Lernstrategien). Diese werden in **Aufgabe 2a** vorgestellt und im Info-Kasten erläutert.

In **Aufgabe 2b** werden die Kursteilnehmenden dazu angeregt, sich in ihrem eigenen Umfeld nach Lernmöglichkeiten umzuschauen. Aus Studien ist bekannt, dass das keineswegs selbstverständlich ist. Daher ist es gut, wenn Sie die Übung tatsächlich in Ihren Kurs einbauen und die Rechercheergebnisse besprechen.

Die **Aufgaben 2c, 2d** und **2e** regen Gespräche zwischen den Kursteilnehmenden über Lerneffekte aus der Übungseinheit zum Autonomen Lernen sowie über Verhaltensänderungen an, die sie sich selbst wünschen.

Sie können, wenn Ihnen ausreichend Zeit zur Verfügung steht, **Aufgabe 2e** modifizieren, indem Sie im ersten Schritt die Kursteilnehmenden ihre guten Vorsätze hinsichtlich des Lernens auf Moderationskarten schreiben lassen. Pro Person sollten es nicht mehr als drei Karten sein, weil sonst die Realisierung der Vorsätze eher unwahrscheinlich wird. Clustern Sie im zweiten Schritt die Vorhaben, unterbreiten Sie den Kursteilnehmenden Ihren Vorschlag für eine Kategorienbildung und rückversichern Sie sich bei der/dem jeweiligen Kursteilnehmer_in, dass die Zuordnung in ihrem/seinen Sinne ist. Bitten Sie im vierten Schritt alle Kursteilnehmenden um ihre Ideen zur Umsetzung der Vorsätze. Diese werden wiederum auf Moderationskarten geschrieben, die aber eine andere Farbe als die zu den Vorsätzen haben sollten. Im fünften Schritt gehen Sie gemeinsam die Vorschläge durch. Im sechsten Schritt haben die Kursteilnehmenden Zeit, alle Vorschläge zu notieren, die sie hilfreich finden. Wenn die Kursteilnehmenden einverstanden sind, können Sie in regelmäßigen Abständen eine Runde zur Umsetzung der guten Vorsätze durchführen. Das sollte selbstverständlich nicht den Charakter eines Tribunals haben, sondern der Ermutigung dienen. Dazu muss Vertrauen zwischen Ihnen und der Gruppe bestehen und die Kursteilnehmenden müssen das Prinzip des autonomen Lernens soweit verinnerlicht haben, dass sie Sie nicht als Kontrollinstanz wahrnehmen.

Weiterführende Literatur:

Bimmel, P. / Rampillon, U. (2000): Lernerautonomie und Lernstrategien. München.

Fischer, Bettina / Kopp, Birgitta (2007): Evaluation of a Western training concept for further education in China. In: Interculture Journal 4, S.57–75. Online abrufbar unter: http://www.interculture-journal.com/index.php/icj/article/view/61

Luo, Xun / Kück, Sebastian (2011): Gibt es Lernstile, die kulturspezifisch sind? Eine interkulturelle Annäherung an das Lernstilkonzept anhand einer vergleichenden Untersuchung am Bespiel deutscher und chinesischer Studenten. In: Interculture Journal 15, S.37–62. Online abrufbar unter: http://www.interculture-journal.com/index.php/icj/issue/view/26

E-Mails schreiben

In diesem Unterkapitel werden zum ersten Mal im Buch sprachliche Aspekte thematisiert. Die Kursteilnehmenden lernen sowohl das sprachliche Register kennen, in dem die Kommunikation mit dem Hochschulpersonal stattfinden sollte, als sprachpraktische Formalitäten und Regeln wie die Handhabung der akademischen Titel sowie die korrekte Zeichensetzung.
E-Mails zu verfassen, stellt eine **wichtige Sprachhandlung im Studienalltag** dar, deshalb sollte sie intensiv eingeübt werden. Unserer Erfahrung nach unterschätzen viele Studierende das Schreiben von E-Mails als wichtige Kommunikationstechnik ihres Studienalltags. Um ihnen eine gewisse Sicherheit für Stil und Formulierungen von E-Mails zu vermitteln, bietet es sich für regelmäßig stattfindende Sprachkurse an, nach der Einführung mit den Übungen aus dem Buch wiederholt E-Mails verfassen zu lassen (z.B. als Warm Up zu Beginn des Unterrichts) und die Lösungen zu besprechen.

1 Anreden und Grußformeln

a

Ebene	formell	weniger formell	privat / umgangssprachlich	veraltet / konservativ
Anrede	4 Sehr geehrter Herr Brander, … 5 Guten Tag, Frau Funke, …	6 Lieber Herr Merk, … 9 Liebe Teammitglieder, …	1 Hallo, Herr Meyer, … 2 Hi / Hey Clara, … 3 Grüß Gott, Frau Schulz, … 7 Hallo lieber Tom, … 10 Hallo, liebe Kommilitoninnen und Kommilitonen, … 11 Ciao, Anja …	8 Werter Herr Fischer, …
Grußformel	12 Mit freundlichen Grüßen 21 Mit freundlichem Gruß	16 Es grüßt Sie freundlich nach Kiel 17 Mit herzlichen Grüßen aus Berlin 19 Ein schönes Wochenende wünscht Ihnen … 22 Beste Grüße 24 Einen guten Start in die Woche wünscht Ihnen … 25 Für heute grüßt Sie freundlich … 26 Herzlichst, Ihre Tanja Meyer	13 Liebe Grüße 15 Alles Gute 18 Viele Grüße 20 Mit sonnigen Grüßen aus Stuttgart 23 Lieber Gruß	14 Hochachtungsvoll 27 Mit besten Empfehlungen

2 Akademische Titel und Amtsbezeichnungen in der Anrede

a **Doktor**: eine promovierte Person; **Professorin**: eine habilitierte Person bzw. eine Person, die auf eine Professur berufen wurde; **Dekan**: Leiter des Dekanats; **Rektorin**: aus den Reihen der Professor_innen einer Hochschule für eine festgelegte Amtszeit gewählte Leiterin; **Dozent**: in der Lehre beschäftigter wissenschaftlicher Mitarbeiter; **Präsident**: der für eine festgelegte Amtszeit gewählte Geschäftsführer einer Hochschule. **Frauenbeauftragte**: demokratisch gewählte Frauenvertreterin aller mit der Hochschule verbundener Frauen.

b 1 Sehr geehrter Herr Professor Jonas, … 2 Sehr geehrte Frau Dekanin, … 3 Sehr geehrter Herr Dr. Müller, … 4 Sehr geehrte Frau Präsidentin, … 5 Sehr geehrte Frau Dr. Clemens, …

c 1 Sehr geehrter Herr Professor ~~Doktor~~ Jonas, … (nur der höchste Titel wird genannt) 2 Sehr geehrte Frau Dekanin ~~Professor Thomas~~, … (bei Amtsbezeichnungen wird der Familienname nicht genannt) 3 Sehr geehrter Herr ~~Dozent~~, … (‚Dozent' ist keine Amts-, sondern eine Aufgabenbezeichnung, daher muss der Familienname genannt werden) 4 Sehr geehrte Frau Präsiden**tin**, … (für Frauen wird die weibliche Bezeichnung gewählt) 5 Sehr geehrte Frau Dr. ~~Clara~~ Clemens, … (der Vorname wird nicht genannt).

3 Der korrekte Stil

a Hi, Martin, haste schon gehört? Nächsten Mittwoch ist n' Treffen unserer Gruppe. Ich glaube, abends um 7, im Raum 3–12. Kommste? Wenn ja, dann bring am besten dein Laptop mit, ich weiß nicht, ob einer Protokoll schreibt. Und die Publikation über die neue EU-Richtlinie zur Donaustrategie. Wir brauchen bestimmt 2 h. Danach können wir ja noch n' Bierchen trinken gehen, ok? Danke dir! Bis denne, Chris

Umgangssprachliche Formulierung	Eigenheit
:)	Emoticons sind in formalen E-Mails zu vermeiden
Hi	informelle Anrede
haste kommste	Zusammenziehung von Verb und Personalpronomen (hast du; kommst du)
n'	Verkürzung von Wörtern (ein)
einer	umgangssprachliches Indefinitpronomen statt jemand
Und …	unvollständiger Satz (= Ellipse)
h	Abkürzung für Stunde
ja	Modalpartikel eher in der mündlichen Kommunikation
Bierchen	Verniedlichung
ok	umgangssprachlich
Danke dir!	Verkürzung von Sätzen (= Ich danke dir!)
bis denne	umgangssprachliche Variante von bis dann

b 1 Leider mussten wir unser Treffen verschieben. 2 Können wir ein Treffen mit Ihnen planen? 3 Wir freuen uns, wenn Sie am Gruppentreffen teilnehmen. 4 Ich bitte Sie, mich in der nächsten Woche anzurufen. / Bitte rufen Sie mich in der nächsten Woche an. 5 Wir freuen uns, Ihnen mitzuteilen, dass die Präsentation fertig ist. / Unsere Präsentation ist jetzt fertig.

c An: p.lorenz@hu-berlin.de
Betreff: Arbeitsgruppensitzung am 5.6. 19:30–20:00 Uhr
Lieber Herr Lorenz,
unsere Arbeitsgruppe hat für kommende Woche Mittwoch ein Treffen anberaumt. Wir sind ab 19 Uhr in Raum 3–12 verabredet. Ist es möglich, dass Sie 19:30 Uhr zu diesem Treffen dazukommen und uns für eine halbe Stunde beratend zur Seite stehen? Wir haben einige inhaltliche Fragen, mit denen wir selbst nicht weiterkommen und freuen uns, wenn Sie Ihr Kommen ermöglichen können. Können Sie bitte die Publikation über die Strategie der EU für den Donauraum mitbringen?
Vielen Dank im Voraus.
Mit freundlichen Grüßen
Chris Leneweit

4 Groß- und Kleinschreibung sowie Zeichensetzung

a 1a, 2c, 3c, 4a, 5b, 6b

b Teamsitzung am 9. November 2011
Hallo, liebe Teammitglieder,
nur ganz kurz: Die nächste Teamsitzung findet am 29. November statt. Bitte bringt alle ausgearbeiteten Texte mit. Ich organisiere einen Beamer.
Viele Grüße
Karsten

5 Netiquette

a Netiquette ist die Gesamtheit der Höflichkeitsregeln, die für das Internet gelten. Der Begriff setzt sich zusammen aus ‚Internet' und ‚Etikette'.

b 1b, 2c, 3b, 4b, 5b, 6a

6 Sprachhandlungen

a

Sprachhandlung	Redemittel
sich vorstellen / Kontext der E-Mail begründen	Mein Name ist … / Ich möchte mich kurz vorstellen: … / Zu meiner Person: … / Ich schreibe diese E-Mail aus folgendem Grund: … / Ich wende mich an Sie mit Folgendem: … / Anlass für diese Mail ist …
Dank für E-Mail des Absenders	Haben Sie herzlichen/vielen Dank für Ihre Mail. / Danke für Ihre Antwort. / Herzlichen Dank für Ihre Rückmeldung.
Bezugnahme auf E-Mail / vorheriges Telefonat / Gespräch	Wie bereits (in der Mail vom …) besprochen, … / Wie vereinbart … / Wie ich bereits geschrieben hatte, …
ein Anliegen formulieren	Es geht um Folgendes: … / Ich benötige Informationen zu … / Gern möchte ich mich über … informieren.

Information, die Sie weitergeben möchten	Ich möchte Ihnen mitteilen, dass … / Ich möchte noch einmal an … erinnern.
wichtige Punkte, die es zu beachten gilt	Bitte beachten Sie auch, dass… / Wichtig ist, dass … / Die folgenden Punkte sind wichtig: …
um Hilfe bitten	Können Sie mir bitte bei … helfen? / Ich benötige Unterstützung für …
Bitte um Bestätigung	Bitte bestätigen Sie … / Bitte senden Sie mir eine (schriftliche) Bestätigung über … zu.
Aufforderung des Absenders, weitere Fragen zu stellen	Falls Sie noch Fragen haben, melden Sie sich bitte bei mir. / Bitte zögern Sie nicht, mich bei Fragen zu kontaktieren. / Ich beantworte Ihnen gern weitere Fragen. / Für Rückfragen stehe ich Ihnen gern zur Verfügung.
Hinweis auf angehängte Dokumente	Anbei finden Sie … / Im Anhang finden Sie … / … sind angehängt.
Dank im Voraus für eine Antwort	Haben Sie vielen Dank im Voraus für Ihre Antwort. / Vielen Dank (im Voraus).

TABUFRAGE

Die Hochschule ist ein besonderer Ort, an dem besondere Regeln gelten. An diese Regeln müssen Sie sich zu Beginn Ihres Studiums erst einmal gewöhnen. Manchen fällt das leichter als anderen, weil sie sich bereits als Kinder und Jugendliche in einem akademisch geprägten Umfeld bewegten. Menschen, die in einem anderen sozialen oder kulturellen Umfeld groß geworden sind, haben oft Probleme, sich an ihrer Hochschule einzuleben. Mit dem Fremdfühlen kommen die Selbstzweifel: Bin ich hier am richtigen Ort? Werde ich irgendwann dazugehören? Habe ich selbst darauf überhaupt Einfluss? Auf die dritte Frage ein kräftiges ‚Ja': Der erste Schritt kann sein, sich diesen besonderen Charakter von Universitäten vor Augen zu führen. Im zweiten Schritt geht es darum, Verbündete zu finden, um mit ihnen über Beobachtungen, Erlebnisse und Empfindungen zu sprechen.

TEST

Liebe Frau Gerds,
in diesem Semester nehme ich an Ihrem Seminar „Erwachsenenpädagogik" teil. Ich bitte Sie, mir die folgenden drei organisatorischen Fragen zu beantworten:

- Wie viele Credit Points kann ich in Ihrem Seminar erreichen?
- Welche Leistungen sind notwendig, um Credit Points zu bekommen?
- Wie muss ich mich verhalten, wenn ich wegen Krankheit nicht am Seminar teilnehmen kann?

Da ich bislang in Polen studiert habe und nun mein erstes Semester in Deutschland verbringe, weiß ich vieles noch nicht. Ich habe etwas Sorge, den Anforderungen nicht gerecht zu werden. Welche Hilfestellungen können Sie mir anbieten?
Vielen Dank im Voraus für Ihre Antwort.

Mit freundlichen Grüßen
Karolina Wróbel

KOPIERVORLAGE

Schlagabtausch mit Bluff-Formulierungen:

Wie allgemein bekannt ist, …	Es ist klar, dass …
Wie Sie wissen, …	Natürlich steht außer Zweifel:
Aus einleuchtenden Gründen …	Das ist ja sehr originell, aber ich kann die Relevanz für unser Thema nicht sehen.
Jeder vernunftbegabte Mensch weiß, dass …	Es besteht überhaupt kein Zweifel, dass …
Das müsste viel differenzierter vorgetragen werden.	Wie auch Ihnen bekannt sein dürfte …
Das entbehrt nun jeder Logik.	Führende Theoretiker stellen übereinstimmend fest: …
Wie schon bei Schopenhauer nachzulesen ist, …	Nach meinen jahrelangen Studien zu diesem Problem kann ich sagen …
Berücksichtigt man die Komplexität der Zusammenhänge in ihrer dynamischen Entwicklung und Konfiguration, kann man nur zu dem Schluss kommen, dass …	

Die Alltägliche Wissenschaftssprache

Hintergrund

Kapitel B legt den Schwerpunkt auf den Wortschatz wissenschaftlicher Texte. Wir beleuchten die unterschiedlichen Arten des Wortschatzes wissenschaftlicher Texte: Es geht um die Alltägliche Wissenschaftssprache (AWS), um Fachwörter und Lehnwörter. Auch dem Thema ‚Register' widmen wir uns, da viele Studierenden die Phänomene der Umgangssprache nicht eindeutig von der geschriebenen Sprache abgrenzen können.

Wir zeigen den Studierenden, wie sie digitale Korpora, speziell das DWDS, sinnvoll für den Wortschatzerwerb nutzen können – ein Instrument, das vielen Studierenden noch nicht bekannt ist. Außerdem stellen wir den Wortschatzerwerb mittels Chunks vor, um damit den Studierenden eine Methode an die Hand zu geben, sich selbstständig Wortschatz zu erschließen, auch im Hinblick auf das eigene Schreiben.

Jedes Thema dieses Kapitels ist für sich genommen sehr umfangreich. Zu vielen Themen gibt es zwar Fachartikel, vieles ist gut untersucht, aber bislang kaum in Lehr- und Übungsmaterial „übersetzt" worden. Der vorliegende Band ist in dieser Hinsicht ein Versuch, Aspekte einer authentischen Wissenschaftssprache in Übungen fruchtbar zu machen. Zu jedem Thema finden Sie weiterführende Literaturhinweise.

Wir sind bei der Auswahl der Aspekte pragmatisch vorgegangen und hoffen, die oft sehr komplexen Themen für die Unterrichtspraxis und für das Selbststudium handhabbar gemacht zu haben. Uns geht es in erster Linie um eine Sensibilisierung der Studierenden für alle sprachlichen Phänomene, um das Wecken eines Bewusstseins für die Feinheiten, aber auch Fallstricke der Sprache in wissenschaftlichen Texten. Die eigentliche Arbeit muss jede_r Studierende während des Studiums selbst leisten: In der Auseinandersetzung mit den Texten des eigenen Studienfachs findet der eigentliche Spracherwerb statt, der wiederum eng an den Erwerb wissenschaftlicher Kompetenzen geknüpft ist.

Auftaktseite

Die Auftaktseite verdeutlicht auf ganz anschauliche Weise die Unterschiede zwischen gesprochener Sprache und der Sprache in wissenschaftlichen Texten. Der komplexe Satzbau wissenschaftlicher Texte und das elaborierte Vokabular werden hier anhand des Kommentars ironisch betrachtet und in einen völlig unpassenden Kontext gesetzt. Auch in Kursen lässt sich mit dieser Verschiebung der

Wissenschaftssprache in andere Kontexte spielen. Studierende am Studienkolleg zu Berlin schrieben zum Beispiel das Märchen ‚Rotkäppchen' in einen wissenschaftssprachlichen Stil um. Das Ergebnis erntete viel Gelächter.

Die Sprache in wissenschaftlichen Texten

 Schriftsprache statt Umgangssprache

Viele Studierende haben nur wenige Kenntnisse darüber, welche sprachlichen Phänomene umgangssprachlicher Herkunft sind. Diese finden sich dann in Texten der Studierenden wieder. Die Doppelseite soll einen kurzen Überblick über typische Registerverstöße geben und soll das Bewusstsein der Studierenden dafür schärfen, dass es deutliche Unterschiede zwischen der Umgangssprache und der geschriebenen Sprache in wissenschaftlichen Texten gibt.

a 2A, 3G, 4D, 5B und I, 6E, 7F, 8H
2 Besser: Die Kommunikation war wegen der mangelhaften sprachlichen Kenntnisse nicht optimal.
3 Besser: Für dieses Projekt wurden zwölf Interviews durchgeführt (Präteritum, Ausblendung des Autors durch Passiv).
4 Die Anzahl der Studienteilnehmer war größer als die der Teilnehmerinnen. (Die korrekte Vergleichspartikel lautet ‚als'.)
5 Besser: Die Interviews wurden mithilfe des Betreuers ausgewertet. / Unter Anleitung des Betreuers wurden die Interviews ausgewertet. (Adressatenpassiv wird ersetzt durch das werden-Passiv)
6 Besser: Die StudienteilnehmerInnen arbeiten tagsüber. (Verb im Präsens)
7 Besser: Sie hatten immer nur abends Zeit für die Befragung.
8 Besser: Die Befragung dauerte nur eine Stunde, da die Interviews nur abends durchgeführt werden konnten.

b 2 Auf Grundlage der Interviews erhielten wir viele neue Erkenntnisse / wurden viele neue Erkenntnisse gewonnen. 3 Die Interviewteilnehmer erhielten zunächst Zeit, einen Fragebogen durchzulesen / anzusehen. 4 Nach 20 Minuten Vorbereitungszeit begannen die Interviews / wurden die Interviews durchgeführt. 5 Insgesamt standen 24 Interviewpartnerinnen und -partner zur Verfügung. 6 Viele andere Daten wurden nicht einberechnet / berücksichtigt. 7 Besonders herausgestellt werden muss Folgendes: …

c

Alltags-/Umgangssprache	Schriftsprache
alleine	allein
meistens, öfters	zumeist / häufig
erstmal (= erst einmal)	zunächst
schon	bereits
auch	zudem
immer	stets
also	folglich

manchmal	mitunter
inzwischen	mittlerweile
nochmal / noch einmal	erneut / wiederholt
sogar	überdies / geradezu
ziemlich	recht

d Die vorliegende Arbeit soll ein Versuch sein, diese Debatte etwas zu erhellen, indem eben verschiedene Problembereiche, die mit der Immigration in Zusammenhang stehen, dargestellt werden. Die Wichtigkeit des Themas liegt m. E. darin begründet, dass sich im Zusammenhang mit der europäischen Einheit die Frage nach der Rolle von Einwanderern ja europaweit stellen wird und auch hier eine Angleichung der in den einzelnen Ländern existierenden Gesetze betreffs der Immigranten erreicht werden muss. Der gravierende Unterschied, wie er allein zwischen Deutschland und Frankreich besteht, wird wohl überwunden werden müssen. Damit ergibt sich auch die Frage, ob Einwanderer denn eigentlich gleichberechtigte Bürger der EU sein werden oder nur Bürger zweiter Klasse.

e Mögliche Lösungen:
1 Die Studie hat nur bedingt zeigen können, inwieweit …
2 Es gab etliche / einige Hinweise darauf, dass …
3 Viele / Eine große Anzahl der InterviewpartnerInnen berichteten von …
4 Sehr wenige / Eine geringe Anzahl der Teilnehmenden sprach(en) über …

f Untersuchungen über Rückkehrgedanken bei Einwanderern können Aufschluss geben darüber (darüber steht außerhalb der Satzklammer), inwieweit die (korrekt: sie) in der Aufnahmegesellschaft „angekommen" sind. Total (umgangssprachlich; besser: sehr / äußerst) interessant wäre es auch festzustellen, ob Rückkehrkonzepte noch in der zweiten und auch in der dritten Generation von Einwanderern existieren.
Die marokkanische Wochenzeitschrift „Le journal" hat im Dezember 1997 eine Diskussion mit Einwanderern marokkanischer Abstammung in Paris abgedruckt (Perfekt, besser: Präteritum), wo der (umgangssprachlich, hier besser: deren) Gegenstand Gedanken an eine mögliche Rückkehr waren. Sie hat geschrieben (Perfekt, besser: Präteritum): „Ja, sie wollen zurückkommen. Um dem Land zu helfen, um Dinge voran- und Ideen einzubringen." (eigene Übersetzung). Anscheinend ist selbst noch in der zweiten Generation der Wille zur Rückkehr vorhanden, der allerdings selten Realität wird, weil die wirtschaftliche Lage in Marokko ist schlecht. („weil" kann durch „da" ersetzt werden; hier Verbstellung wie im Hauptsatz, besser: da die wirtschaftliche Lage ein Marokko schlecht ist).

2 Fremdwörter – deutschsprachige Wörter – Fachbegriffe

Die **Aufgaben a bis e** sollen die Studierenden dafür sensibilisieren, dass viele Fremdwörter auch deutsche Entsprechungen haben und umgekehrt. Die Fremdwörter sind per se nicht wissenschaftlicher, sondern können synonym gebraucht werden, mitunter sind sie aber auch Termini. Es ist also Vorsicht geboten, wenn man Fremdwörter benutzen möchte, um einen möglichst wissenschaftlichen Eindruck zu hinterlassen. Zumal die Fremdwörter für Studierende mit romanischer / englischer Muttersprache leichter verständlich sind und es somit naheliegt, diese zu gebrauchen. Mögliche Probleme, die Studierende haben können, werden anhand der Übungen aufgezeigt.

a 1g, 2b, 3d, 4a, 5e, 6c, 7f

b das Fazit / das Ergebnis; der Aspekt / der Gesichtspunkt; die Deskription / die Beschreibung; die Position / der Standpunkt; die Option / die Möglichkeit; die Rezension / die Besprechung; die Situation / die Lage

c 1 Blickwinkel, 2 Sichtweise, 3 Zukunft, 4 Grundlage, 5 Ausgangspunkt, 6 übereinstimmende Meinung

d Fachbegriffe: Textsortenkompetenz, schriftsprachliche Kompetenzen, Kommunikationssituation, Textsorten, sprachlichen Normen, Diskurstraditionen in der kontrastiven Textsortenlinguistik, Textsortenkompetenzen

e In der Vermittlung des wissenschaftlichen Schreibens findet die Textsortenkompetenz zunehmend Beachtung, da auch schriftsprachliche Kompetenzen nicht mehr losgelöst von Faktoren wie Kommunikationssituation, Textsorten und sprachlichen Normen darzustellen sind. Zugleich wird auch das Wissen um die kulturellen Unterschiede wissenschaftlicher Diskurstraditionen in der kontrastiven Textsortenlinguistik größer. Betrachtet man die aktuellen Studienprogramme und Lehrpläne der neuen Bachelor-Studiengänge, finden sich jedoch selten überzeugende Konzepte, deutschen und ausländischen Studierenden Textsortenkompetenzen für das wissenschaftliche Schreiben zu vermitteln.

Weiterführende Literatur:

Oertner, Monika (2014): Synonyme unerwünscht! Sprachliche Ausdrucksvarianz in wissenschaftlichen Texten. In: Oertner, Monika / St. John, Ilona /Thelen, Gabriele (Hg.) Wissenschaftlich schreiben. Ein Praxisbuch für Schreibtrainer und Studierende. Wilhelm Fink: Paderborn.

3 Die Alltägliche Wissenschaftssprache (AWS)

Das von Konrad Ehlich (1993) entwickelte Konzept der Alltäglichen Wissenschaftssprache geht davon aus, dass die Alltagssprache einen zentralen Stellenwert in der Wissenschaftssprache hat. Diese Sprache scheint auf den ersten Blick leicht zugänglich zu sein, tatsächlich aber wurde sie für wissenschaftliche Zwecke, wie Gabriele Graefen schreibt, „abstrahierend und metaphorisch verfremdet". Sie spricht auch von einer Sekundärnutzung von Teilen des Kernwortschatzes (Graefen 2008: 152). Die sprachlichen Mittel der AWS sind fächerübergreifend.

Diese Sprache erschließt sich Muttersprachler_innen aufgrund der ihr eingeschriebenen Bildhaftigkeit recht mühelos, für fremdsprachige Studierende stellt sie beim Leseverstehen und Schreiben eine enorme Hürde dar. Im Gegensatz zu dem internationalen Wortschatz, dessen Bedeutung sich oft über das Englische oder romanische Sprachen herleiten lässt, ist die AWS den Lernern zum einen unbekannt – die Wissenschaftssprache wird in den gängigen DaF-Kursen der Mittel- und Oberstufe nicht unterrichtet – und zum anderen auch nicht verständlich. Dies liegt begründet in der oft idiomatischen Verwendung und in der versteckten Metaphorik, die ihr zugrunde liegt. Ziel dieses Kapitels ist es, die Studierenden mit der AWS bekannt zu machen, sie auf die Charakteristika dieser Sprache hinzuweisen, sie für mögliche Stolpersteine beim Erlernen und bei der Verwendung der AWS zu sensibilisieren. Festzuhalten ist auch, dass jede Sprache ihre eigene Wissenschaftssprache besitzt, die in Metaphorik, aber auch in den Ausdrucksweisen und Fügungen abweicht. Das kann den Studierenden verdeutlicht werden, wenn im Kurs kontrastiv gearbeitet wird. Gerade durch die Bewusstmachung der Unterschiede

in Form und Bildhaftigkeit der Wissenschaftssprache werden die Studierenden sensibilisiert für die deutsche Wissenschaftssprache und ihre Besonderheiten.
Aufgabe 3c soll den Studierenden verdeutlichen, dass sich diese Sprache auf Wörter aus dem Alltag stützt, die aber dann in neuen, unbekannten Wendungen gebraucht wird. Der gewählte Text ist nicht so schwierig, um den Studierenden einen leichten Zugang zur AWS zu schaffen.

a Fachbegriffe: Lebenslanges Lernen, Diskurs, Erziehungswissenschaft, Bildungsforschung

b Die vorliegende Einführung beleuchtet das Lebenslange Lernen in seinen vielfältigen Dimensionen. Im *ersten* Kapitel wird herausgearbeitet, dass das Lebenslange Lernen zwar als gleichsam natürliches, mit dem Leben konstitutiv verbundenes Phänomen anzusehen ist, dass diese Selbstverständlichkeit aber mit der Etablierung eines gesellschaftlichen Diskurses zu diesem Thema verloren gegangen ist. Nun bildet das Lebenslange Lernen den Gegenstand eines Diskurses, in dem das Lernen des Einzelnen, die Inhalte und Formen, die Ziele und Funktionen sowie die sozialen und institutionellen Kontexte des Lernens beschrieben, konzipiert und normativ gefordert werden. Die Einbettung des Lebenslangen Lernens in den gesellschaftlichen Kontext wird besonders deutlich, wenn es in einer historischen Perspektive beleuchtet wird. Das *zweite* Kapitel erörtert das Lebenslange Lernen als bildungspolitisches Programm und das *dritte* Kapitel beschreibt es als Herausforderung für die pädagogische Praxis. Das *vierte* Kapitel stellt zentrale empirische Befunde dar und das *fünfte* Kapitel befasst sich mit den theoretischen Herausforderungen, die die Hinwendung zum Lebenslangen Lernen für Erziehungswissenschaft und Bildungsforschung zur Folge hat. Im abschließenden *sechsten* Kapitel werden (neue) berufliche Tätigkeitsfelder für Pädagoginnen und Pädagogen im Feld des Lebenslangen Lernens aufgezeigt.

Nomen	Verben
die Einleitung, -en	beleuchten + A
die Dimension, -en	herausarbeiten, dass + Nebensatz
das Kapitel, -	ansehen als + A
das Phänomen, -e	beschreiben + A
die Etablierung	konzipieren + A
der Diskurs, -e	normativ fordern + A
das Thema, -en	(deutlich) werden
der Gegenstand, ¨-e	erörtern + A
der Inhalt, -e	darstellen + A
die Form, -en	sich befassen mit + D
das Ziel, -e	zur Folge haben + A
die Funktion, -en	aufzeigen + A
der Kontext, -e	
die Perspektive, -n	
der Befund, -e	
die Herausforderung, -en	
die (Erziehungs-)Wissenschaft, -en	
die (Bildungs-)Forschung	
das Tätigkeitsfeld, -er	
das Feld, -er	

c

alltäglicher Wortschatz	Wendungen der Alltäglichen Wissenschaftssprache
beleuchten	Die vorliegende Einleitung beleuchtet das Lebenslange Lernen in seinen vielfältigen Dimensionen. ... in einer historischen Perspektive beleuchten
(heraus)arbeiten	es wird herausgearbeitet ...
ansehen	... ist als mit ... verbundenes Phänomen anzusehen
verloren gehen	diese Selbstverständlichkeit ist mit ... verloren gegangen.
Bett	die Einbettung des Lebenslangen Lernens in den gesellschaftlichen Kontext
der Gegenstand	den Gegenstand eines Diskurses bilden ...
das Programm	Lebenslanges Lernen als bildungspolitisches Programm
die Herausforderung	etwas als Herausforderung für ... beschreiben ...
darstellen	zentrale empirische Befunde darstellen
Feld	berufliche Tätigkeitsfelder im Feld des Lebenslangen Lernens

4 Die versteckte Metaphorik der Alltäglichen Wissenschaftssprache

In Aufgabe 4 geht es um Bildfelder in der Wissenschaftssprache. Die verschiedenen Textausschnitte verwenden unterschiedliche Bilder, die wir Bildfeldern zugeordnet haben. Diese Felder lassen ein bestimmtes Vokabular erwarten, sie können also der Vorentlastung beim Lesen dienen und Studierenden das Verständnis eines Textes erleichtern. Gabriele Graefen benennt in ihrem Artikel *Versteckte Metaphorik – Ein Problem im Umgang mit der deutschen Wissenschaftssprache* weitere Bildfelder (vgl. Graefen 2008: 154). Auch hier zeigen wir den Bezug zum wissenschaftlichen Handeln auf (Aufgabe 4c).

a **Bildfeld ‚Raum'**: Hier wird der Lebenskunst-Forschung als Wissenschaft ein Ort zugewiesen, sie wird also im imaginären Raum des Faches verortet, dies geschieht durch theoretische Überlegungen. Sie wird quasi als Gegenstand gesehen, den man in einen Raum stellt.
Bildfeld ‚Konstrukt': Biografie wird konstruiert, bestimmte Gattungen dienen den Künstlern als Modell: Die Biografie wird hier als etwas gesehen, das man bauen, konstruieren kann, dem ein Modell zugrunde gelegt werden kann. Man kann also aktiv und schöpferisch Einfluss nehmen auf die Biografie.
Bildfeld ‚Licht' (etw. wird beleuchtet): eine typische Metapher der Wissenschaftssprache im Sinne von etwas genauer untersuchen, erhellen, erklären. Licht ist in diesen Metaphern mit ‚Erkenntnis' gleichzusetzen.
Ihre eigene Arbeit beschreibt Shamma Shahadat als ein Hinunterarbeiten, ein Ausgraben von einer Ebene zu einer anderen, hin zu Tiefenschichten, wo man Modelle findet. Sie verwendet hier das Bild einer Archäologin, die den Dingen auf den Grund geht, Dinge zutage fördert, ans Licht bringt.

b B (...) Das Ziel der vorliegenden Arbeit ist es dagegen, Instrumente bereitzustellen, die der Weiterentwicklung der lexikalisch-grammatischen Kompetenz durch Chunking dienen und die gleichzeitig die Effekte des Lernens mit Chunks überprüfbar machen. (...)

C Konzentration ist die Fähigkeit, eine Zeitlang ungeteilt aufmerksam zu sein. Beim Konzentrieren wird die Aufmerksamkeit auf einen eng umgrenzten Bereich des Wahrnehmungs- und Bewusstseinsfeldes gelenkt. Reize und Vorstellungen, die außerhalb dieses Feldes liegen, werden weitgehend ausgeblendet. (...)

D Denken und Lernen sind eng miteinander vernetzt. Denken erfordert Wissen (über etwas nachdenken), aber Wissen ist nicht genug. Schüler oder Studierende benötigen zudem Praxisfelder und Gelegenheiten für die lebensnahe Anwendung. Sie müssen ferner ermutigt werden, über ihr Denken und Handeln zu reflektieren. Ebenfalls wichtig ist eine Ermutigung besonderer (Tiefen)Strategien, wie (Nach)Fragen, Wissenselemente organisieren, Inhalte vernetzen und das erworbene Wissen nutzen (Francis et al. 1995)

E Dem Forschungsbereich ‚Organisation und Geschlecht' bietet der empirische Fall ausführlichen Stoff. Denn der nachzuweisende subtile Machtprozess, der untrennbar mit Rationalität verbunden ist, reproduziert eine Hierarchisierung nach Geschlechts- wie nach Klassenzugehörigkeit.

BILDFELD	BEISPIELE
RAUM BEWEGUNG	ungeteilt (C), ein eng umgrenzter Bereich, des Wahrnehmungs- und Bewusstseinsfeldes (C), weitgehend (C), außerhalb dieses Felds liegen (C), Praxisfelder (D), lebensnah (D), ferner (D), Tiefenstrategien (D)
FORM KONSTRUKT MAẞ	Instrumente bereitstellen (B), überprüfbar machen (B)
GEWEBE STOFF TEXTUR	eng miteinander vernetzt (D), Inhalte vernetzen (D), Stoff (E)
HORIZONT PERSPEKTIVE BILD LICHT	werden ... ausgeblendet (C), reflektieren (D)

c Text A: 1, 2, 5 Text B: 1, 5 Text C: 3 Text D: 3 Text E: 4

5 Das Bildfeld des Raumes und der Bewegung

In den Aufgaben 5 und 6 stehen die zwei wichtigsten Bildfelder der AWS im Mittelpunkt: Das Bildfeld des Raumes und das Bildfeld der Bewegung. Ein Großteil des Wortschatzes der AWS schöpft aus diesen Bildfeldern.
Wir beginnen zunächst mit dem Bildfeld des Raumes und der Bewegung in diesem gedachten Raum. Die Anzahl an Ausdrücken der AWS, die diesem Bildfeld zuzuordnen sind, ist sehr groß. Uns erschien es sinnvoll, die in der AWS enthaltene Metaphorik hier zunächst bildlich einzuführen, um dadurch eine Entlastung zu schaffen. Die Bildlichkeit kann den Studierenden behilflich sein, die wissenschaftlichen Überlegungen besser zu verstehen.

a Die Schwelle zur Philosophie wird überschritten mit der Erschütterung der Existenz und der Frage nach dem Grund, mit den drängenden Lebensfragen und der Suche nach einer möglichen Antwort darauf. Allgemein hat ein philosophisches Problem, Wittgenstein zufolge, die schlichte Form: „Ich kenne mich nicht aus." Die Philosophie ist der Raum der Orientierung: Die individuellen Fragen und Grundprobleme der Existenz können zu dem Forum, das die Philosophie ist, gebracht werden, um eine Sprache dafür zu finden und darüber zu reflektieren. Ein solches Verständnis von Philosophie setzt mitten in der Erfahrung des Alltags an, beim einzelnen Individuum, das seine Fragen stellt, ausgehend von dem zuvor vertrauten Leben, das nun hinter ihm liegt und ihm plötzlich fremd geworden ist. …

Raum	die Schwelle, der Grund, die Form, der Raum
Bewegung im Raum	überschreiten, die Suche, zu dem Forum bringen, finden
Veränderung im Raum	die Erschütterung
Orientierung im Raum	sich (nicht) auskennen, die Orientierung, mitten, ausgehend, hinter ihm liegen

c 1f, 2g, 3i, 4e, 5d, 6a, 7b, 8j, 9c, 10h

d 1 aufgreifen, 2 zurückkommen, 3 betrachten, 4 sich wenden gegen, 5 ergründen, 6 entgegenhalten, 7 folgen, 8 heranziehen, 9 abgrenzen, 10 zusammenhängen

e a aufgreifen, b zurückkommen auf, c jemandem etwas entgegenhalten, d sich wenden gegen, e ergründen, f betrachten, g folgen, h zusammenhängen, i heranziehen, j abgrenzen von

6 Das Bildfeld des Sehens

Anhand des Bildfelds des Sehens lässt sich ein Charakteristikum der AWS gut aufzeigen: Sie ist an wissenschaftliche Handlungen gebunden und erhält dadurch hier eine spezifischere Bedeutung als in der Alltagssprache. Gabriele Graefen schreibt: „Insgesamt sieht es so aus, dass das wissenschaftssprachliche Bildfeld ‚Sehen = Erkennen' umfangreicher und ausdifferenzierter ist als das gemeinsprachliche, mit einer Reihe eigener idiomatischer Ausdrucksweisen." (Graefen 2008: 156)

a

sehen	blicken	betrachten
die Sicht aus (der / seiner) Sicht von die Sichtweise…	der Blick mit Blick auf + A auf den ersten / … Blick im (Hin)blick auf + A	die Betrachtung bei (genauerer / näherer) Betrachtung nach … Betrachtung der Betrachter / die Betrachterin in Anbetracht + G

b 1 Sicht, 2 Betrachtung, 3 Blick, 4 Blick, 5 Betrachtung

c 1 Sicht, 2 Blick, 3 Betrachtung

d

- aus Sicht von Meier (2009:13) …
- in der Sicht

- bei (genauerer / näherer / eingehender) Betrachtung

- mit Blick auf + A
- auf den ersten / zweiten Blick
- im (Hin-)Blick auf + A

Weiterführende Literatur:

Ehlich, Konrad (1999): Alltägliche Wissenschaftssprache, in: Info DaF 236, Heft 1, 1999, S. 3–24.

Graefen, Gabriele (2000): Wie schwer ist die deutsche Sprache wirklich? in: Wolff, Armin / Winters-Ohle, Elmar (Hg.): Überlegungen zu einer Einführung in die Wissenschaftssprache. (=Materialien Deutsch als Fremdsprache, Band 58 Regensburg, S. 191–210.

Graefen, Gabriele (2008): Versteckte Metaphorik – ein Problem im Umgang mit der fremden deutschen Wissenschaftssprache. In: Dalmas, Martine; Foschi-Albert, Marina; Neuland, Eva (Hg.): Wissenschaftliche Textsorten im Germanistikstudium deutsch-italienisch-französisch kontrastiv. Trilaterales Forschungsprojekt in der Villa Vigoni (2007–2008). Teil 2, S. 150 ff. Online abrufbar unter: http://www.aperandosini.eu/aperandosini/publikationen_files/v_vigoni_thuene.pdf

Hund, Eva (1999): naheliegend oder weithergeholt – unterrichtspraktische Überlegungen zu Raum und Körper in der Wissenschaftssprache, in: Materialien Deutsch als Fremdsprache, Heft 52, Fachverband Deutsch als Fremdsprache, Regensburg, S. 290–320.

Meißner, Cordula (2014): Figurative Verben in der allgemeinen Wissenschaftssprache des Deutschen. Eine Korpusstudie. Tübingen: Stauffenburg.

7 Okkasionalismen!

Diese kreativen Schöpfungen, die auch in der Wissenschaftssprache anzutreffen sind, sollen hier vorgestellt werden, verbunden mit der Warnung, dies als Studierende_r nicht selbst zu tun. (Schade, eigentlich!)

a

Okkasionalismen	neue Metaphern
Zitat 1: Großforschungsterritorium Zitat 4: Mehrfühler, Emotionsathleten	In Zitat Nr. 2 und 3 steht die Bewegung im Straßenverkehr bildlich für die Forschertätigkeit (Autobahn der Innovationsrhetorik (2), geradeaus zum Berliner Sonderforschungsbereich (2), auf Nebenstraßen abbiegt (2), abbremsen, abbrechen, weglassen (3))

b In den Zitaten 2 und 3.

8 Kollokationen

In diesem Kapitel führen wir in die Problematik der Kollokationen ein, mit der die Lernenden hier in weitaus größerem Maß konfrontiert sind als zuvor in Sprachkursen. Im Mittelpunkt des Wortschatzerwerbs werden die Kollokationen der AWS stehen, da die Lernenden diesen Wortschatz erfolgreich erwerben müssen. Es gibt keine einheitliche Auffassung des Kollokationsbegriffs, sondern mehrere Ansätze, was unter Kollokationen verstanden werden soll (vgl. Targonska 2014). Wir sehen **Kollokationen** ganz pragmatisch **als Verbindungen von Wörtern, die gehäuft gemeinsam auftreten**. Für einen effektiven Spracherwerb sollten sie auch am besten als Einheiten gelernt werden. Das Lernen der Kollokationen kann mittels Chunks erfolgen, auch diesem Thema haben wir zwei Seiten gewidmet. Die Lernenden sind dem Begriff der Kollokationen wahrscheinlich noch nicht begegnet, da Lehrwerke für Deutsch als Fremdsprache i. d. R. den Wortschatzerwerb auf Einzelwörtern aufbauen. **Die AWS zeichnet sich aber in einem hohen Maße durch kollokative Fügungen aus**, die als „Bausteine" für eigene Texte verwendet werden können. Am Beispiel „eine Frage stellen" lässt sich zeigen, dass die Lernenden diese Kollokation zwar kennen, aber gleichbedeutende Verbindungen für den wissenschaftssprachlichen Gebrauch noch nicht, z. B. „eine Frage aufwerfen", „einer Frage nachgehen" etc. Problematisch beim Lernprozess kann nun sein, dass das Wort „Frage" bekannt ist, das Verb „aufwerfen" allerdings müsste nun beim Erwerb der AWS in Verbindung mit „Frage" gelernt werden. Lernende, die mit dem Kollokationsbegriff nicht vertraut sind, werden diese Notwendigkeit nicht sehen und diese Einheit somit beim eigenen Schreiben später nicht reproduzieren können, sondern auf den allgemeinsprachlichen Ausdruck „eine Frage stellen" zurückgreifen oder auf Übersetzungen aus der Muttersprache. Das Wissen über dieses sprachliche Phänomen hilft den Lernenden dabei, den Wortschatz der AWS effektiver und fehlerfreier zu lernen (vgl. Targońska 2014).

In **Aufgabe 8a** werden die Lernenden mit dem Kollokationsbegriff bekannt gemacht. Kollokationen verstehen wir als feste Einheiten, die nur in geringem Maße verändert werden können. Kollokationen sollten als Einheit gelernt werden bzw. als Grundlage für Chunks dienen, mit deren Hilfe die Kursteilnehmenden später eigene Texte formulieren können. In dieser Übung testen die Lernenden, inwieweit sie bereits Kollokationen der AWS kennen. Hier haben wir typische Nomen-Verb-Verbindungen der Wissenschaftssprache ausgewählt. Durch die Übersetzung in ihre Muttersprache soll den Lerndenen in **Aufgabe 8b** verdeutlicht werden, dass Kollokationen sprachgebunden sind. Effektiv für das Lernen ist das Bewusstmachen der Unterschiede bei den Kollokationen, bei denen keine Äquivalenz besteht. **Aufgabe 8c:** Die Lernenden gehen mit einer großen Zahl von Texten im Studium um. Beim Lesen können sie selbstständig die für das eigene Schreiben nötigen Kollokationen herausfiltern.

➔ Weiterführende Literatur:

Reder, Anna: (2006a): Kollokationen in der Wortschatzarbeit, Wien: Praesens.

Reder, Anna (2006b): Kollokationsforschung und Kollokationsdidaktik, online abrufbar unter: https://doi.org/10.13092/lo.28.617

Reder, Anna (2011): Kommen Kollokationen in Mode? Kollokationskonzepte und ihre mögliche Umsetzung in der Didaktik, online abrufbar unter: https://doi.org/10.13092/lo.47.367

Targońska, Joanna: Kollokationen – ein vernachlässigtes Gebiet der DaF-Didaktik?, online abrufbar unter: https://bop.unibe.ch/linguistik-online/article/view/1638/2768

➔ Wörterbücher:

Kollokationenwörterbuch für den Alltag: http://kollokationenwoerterbuch.ch/web/

Quasthoff, Uwe (2011): Wörterbuch der Kollokationen im Deutschen, Walter de Gruyter GmbH & Co KG, Berlin / New York.

a 1b, 2a, 3c, 4c, 5a, 6a, 7b, 8b, 9a

c Verbesserte Version des Textes:
Um das Ausmaß der Gewaltakzeptanz darstellen zu können, müssen Aspekte, die bei der Ausübung von Gewalt eine Rolle spielen, betrachtet werden. Deswegen ist in diesem Kapitel nicht von Gründen für ein gewalttätiges Verhalten die Rede, sondern von „Risikofaktoren". Zunächst gehe ich auf Gewalterfahrungen in der Familie ein, die einen Risikofaktor für das Entstehen von Gewalt darstellen. Der Zusammenhang der Familiensituation mit dem Sozialverhalten der Kinder ist vielfach untersucht worden. Forschungsergebnisse von Ralf Schmidt belegen, dass eine problematische Familiensozialisation ein Risikofaktor für abweichendes Verhalten ist und eine gelingende primäre Sozialisation ein Schutzfaktor gegen Jugenddelinquenz darstellt.

d 1c, 2a, 3c, 4b, 5a, 6b, 7c

e 1 ergeben, 2 betrachten, 3 belegen, 4 überraschend, 5 vertraut, 6 umzusetzen, 7 Richten

g 1 Wortfamilie, 2 Wortfeld

9 Wortbildung: Komposition

Komposita sind ein wesentliches Merkmal wissenschaftlicher Texte. Sie sind in vielen Wortarten anzutreffen. Durch ihre Dichte und ihre manchmal unklaren Bezüge sind sie für Fremdsprachenlernende oft schwer zu verstehen. Diese Einheit zeigt verschiedene Aspekte auf und soll die Lernenden für den Umgang mit Komposita sensibilisieren.
Im Unterricht kann auch anhand eines wissenschaftlichen Textes untersucht werden, welche Arten von Komposita (in Bezug auf die Wortarten) der Text enthält und welche Funktionen diese Komposita haben (allgemeinwissenschaftlicher Wortschatz, Intertextualitätsverweis, Verdichtung,...). Gemeinsam kann dann die Bedeutungserschließung der Komposita erfolgen und auf individuelle Verständnisschwierigkeiten eingegangen werden.

Weiterführende Literatur:

Bespalova, Ekaterina (2010): Komposita im pädagogischen Fachdiskurs, in: Trans – Internet-Zeitschrift Kulturwissenschaften, Nr. 17, April 2010, online abrufbar unter: http://www.inst.at/trans/17Nr/5-7/5-7_bespalova17.htm

a Ziele und Aufgaben der Projektgruppen

Um selbstgesteuertes und handlungsorientiertes Lernen zu unterstützen, wird ein didaktisches Konzept entwickelt, das die Lernenden zu einer aktiven und intensiven Auseinandersetzung mit ausgewählten Themen und Inhalten herausfordert. Im Mittelpunkt der Lernarrangements stehen komplexe Aufgaben und Anforderungen, die selbstständig, aber in Gruppen bearbeitet werden müssen.
Hilfreich für die Arbeit der Lerngruppen sind klare Vorgaben und Rahmenbedingungen.
Aus diesem Grund sind die Teilnehmenden gehalten, die (...) Angebote zu nutzen.
Im Rahmen der daran anknüpfenden Lernaktivitäten entsteht ein Arbeitsbericht, der folgende Elemente umfasst: ...

b

Komposita	Paraphrase
selbstgesteuertes und handlungsorientiertes Lernen	ein Lernen, das man selbst steuert und sich an (zu erlernenden) Handlungen orientiert.
Rahmenbedingung	Bedingungen, die einen Rahmen für das Lernen darstellen
Lerngruppen	Eine Gruppe von Menschen, die zusammen lernen
Arbeitsbericht	Ein Bericht über die Arbeit

c Fachbegriffe sind: selbstgesteuertes und handlungsorientiertes Lernen

e 2 selbstreguliertes Lernen, 3 zielgerichtete Aktivitäten, 4 problemorientiertes Lernen, 5 ein lebenslang andauerndes Geschehen

f 1 -s-, 2 -n-, 3 ø

10 Wortbildung: Ableitung

Viele typische Verben der AWS sind Ableitungen sehr frequenter Grundverben. Diese erlauben eine spezifischere Beschreibung wissenschaftlicher Gegenstände bzw. des wissenschaftlichen Vorgehens. Aufgrund der Vielfalt der Ableitungen, wie in den Übungen auch gezeigt wird, ist die Gefahr der Verwechslung von ähnlich gebildeten Wörtern recht groß. Die Übungen zeigen die Notwendigkeit des genauen Arbeitens beim Wortschatzerwerb auf: Die Wörter müssen hinsichtlich ihrer Bedeutung in der AWS nachgeprüft werden, die grammatische Konstruktion muss ermittelt und gelernt werden. Tatsächlich sind Übungen wie diese zum Erwerb der AWS eher weniger geeignet, besser ist es, ein bestimmtes Wort in seinem Kontext zu lernen. Eine Zusammenstellung in Form von Listen würde eher Verwirrung stiften. Uns ging es hier vor allem um die Sensibilisierung in Bezug auf die oberflächliche Ähnlichkeit vieler Wörter, die Student_innen zu Fehlannahmen über die Bedeutung der Ableitungen führen können.

Weiterführende Literatur:

Graefen, Gabriele (2008): Versteckte Metaphorik – ein Problem im Umgang mit der fremden deutschen Wissenschaftssprache. In: Dalmas, Martine; Foschi-Albert, Marina; Neuland, Eva (Hg.): Wissenschaftliche Textsorten im Germanistikstudium deutsch-italienisch-französisch kontrastiv. Trilaterales Forschungsprojekt in der Villa Vigoni (2007–2008). Teil 2, S. 150 ff, online abrufbar unter: http://www.aperandosini.eu/aperandosini/publikationen_files/v_vigoni_thuene.pdf

Meißner, Cordula (2014): Figurative Verben in der allgemeinen Wissenschaftssprache des Deutschen. Eine Korpusstudie. Tübingen: Stauffenburg.

a 1a eingehen auf + A (trennbar), 2a eingehen in + A (trennbar), 3b hervorgehen aus + D, 4a vorgehen bei + D (trennbar), 5a umgehen mit + D (trennbar), 6b nachgehen + D (trennbar), 7b auf den Grund gehen + D (trennbar)

b 1c zurückführen auf + A, 2a zurückgehen auf + A, 3b zurückkommen auf + A

d

1. Sicht	2. Blick
a Aussicht: mit der Aussicht auf + A	a Ausblick: einen Ausblick geben auf+ A
b Übersicht: eine Übersicht über + A erstellen / vorlegen /	b Überblick: einen Überblick geben über + A
c Einsicht: zu der Einsicht gelangen, dass ...	c Einblick: einen Einblick geben in + A
d Ansicht: nach Ansicht von + D / die Ansicht vertreten / e Absicht: die Absicht verfolgen / haben /	d Rückblick: rückblickend; im Rückblick
f Hinsicht: in dieser Hinsicht	
g Voraussicht: aller Voraussicht nach	
h Rücksicht: mit Rücksicht auf + A	
i Berücksichtigung: unter Berücksichtigung von + D	

e 2 angesehen, 3 abgesehen, 4 vorgesehen, 5 versehen, 6 voraussehen, 7 eingesehen, 8 ersehen

Wortschatzarbeit mit digitalen Korpora

Noch relativ unbekannt dürften den Lernenden die digitalen Korpora sein. In einem ersten Schritt können die Lernenden hier die genannten Korpora kennenlernen und mit „klassischen" Print-Wörterbüchern vergleichen.
Wir haben uns entschieden, in diesem Buch die Arbeit mit dem DWDS genauer vorzustellen, da es sehr umfangreiche Möglichkeiten der Wortschatzarbeit bietet.

 Strategien der Wortschatzarbeit

Wir gehen davon aus, dass die Lernenden bereits über eine Vielzahl an Strategien verfügen, um Wortschatz zu erwerben. Viele Strategien waren Gegenstand des Deutschunterrichts, einige Strategien aber sind eher informeller Art. Wir wissen, dass viele internationale Studierende Wörter und ihre syntaktische Umgebung googeln, um so die korrekte Verwendung herauszufinden. Die erste Aufgabe zielt darauf ab, die Strategien im Umgang mit neuem Vokabular sichtbar zu machen, auch die „informellen" Strategien. Sie können gemeinsam besprochen, reflektiert und wertgeschätzt werden.
Hier bietet es sich auch an, Strategien der Teilnehmenden im Kurs vorstellen zu lassen, wenn diese den anderen unbekannt sind.

 Digitale Wörterbücher

Viele Studierende kennen zwar die bekannten digitalen Wörterbücher wie leo.org und pons.eu, die korpusbasierten Wörterbücher wie das Deutsche Referenzkorpus (DeReKo), das DWDS sowie das Wortschatz-Portal der Universität Leipzig und der Open Thesaurus sind vielen dagegen noch unbekannt. Dabei sind gerade diese Wörterbücher für die Studierenden wichtig, da das Wortschatzlernen in großen Teilen ein Lernen von Kollokationen ist. Die hier aufgelisteten digitalen Wörterbücher zeigen typische Wortverbindungen auf, aber sie treffen auch Aussagen über deren Häufigkeit, sie zeigen Textbelege an, anhand derer die Lernenden den Gebrauch und die grammatische Umgebung ersehen können. Ein Vorteil des DWDS ist, dass sich die Textbelege filtern lassen, man kann sich Textbelege nur aus der wissenschaftlichen Literatur anzeigen lassen. Damit stellen diese Wörterbücher ein wichtiges Instrument für den Wortschatzerwerb und die Überprüfung eigener Formulierungen hinsichtlich ihrer Gebräuchlichkeit und grammatischen Korrektheit dar.

3 Das Beispiel DWDS – Digitales Wörterbuch der deutschen Sprache

Wir haben uns entschieden, das DWDS in diesem Buch vorzustellen, da es aufgrund seiner vielen Panels umfangreiche Aktivitäten in Bezug auf den Wortschatz ermöglicht. Die Arbeit mit dem DWDS setzt einen hohen Grad an Lernerautonomie voraus, die Übungen in diesem Buch sind als Einstieg gedacht, sich genauer mit dem DWDS zu beschäftigen. Dies wird in der Forschung als „datengeleitetes Lernen" bezeichnet: „Dabei wird davon ausgegangen, dass eine intensive und bewusste Auseinandersetzung mit sprachlichem Material zu einer tieferen kognitiven Verarbeitung des fremdsprachlichen Inputs führt" (Siepmann 2009: 326). Bitte beachten Sie, dass das DWDS noch im Ausbau befindlich ist und manche Suchabfragen keine Treffer ergeben.

a/b Das DWDS selbst umfasst verschiedene Panels, Wörterbücher und Korpora, die unterschiedliche Angaben liefern. Durch die vorgegebene Suche sollen sich die Kursteilnehmenden hier zunächst einen Überblick über die verschiedenen Quellen für die Informationen verschaffen.

c/d Hier lernen die Studierenden die Filterfunktion kennen und beschäftigen sich genauer mit den Textbelegen der Korpora. Eine erste Aufgabe leitet an, den grammatische Ergänzung des Wortes ‚Erforschung' aus den Belegen zu filtern.

e Hier erhalten die Lernenden einen Einblick in das Wortprofil. Eine Legende soll den Lernenden ohne umfangreiche Kenntnisse der grammatischen Termini helfen, sich im Überblick des Wortprofils zurechtzufinden. Sie lernen sowohl die Tabellenansicht als auch die Wolkenansicht kennen.

f Hier wird gezeigt, wie sich typische Nomen-Verb-Verbindungen finden lassen.

Wortschatzerwerb mittels Chunks

Der Begriff ‚Chunk' stammt ursprünglich aus der Lernpsychologie und wird bezeichnet als kleiner Block sprachlicher Einheiten, die im Gedächtnis memoriert sind. Damit sind sie ein „unbewusster, automatischer Prozess, den Lerner immer schon vollziehen" (vgl. Heringer 2009: 10). Aber auch bestimmte, vorgefertigte Einheiten für das Lernen vorzugeben, wird als Chunking bezeichnet.
Für den Erstspracherwerb, aber auch für den Zweitspracherwerb wurde nachgewiesen, dass das Sprachenlernen zum Teil über Chunks abläuft, vorgefertigte sprachliche Einheiten werden als Ganzes gelernt und abgerufen (vgl. Handwerker / Madlener 2009: 10–12). Vielen Lernenden ist dieses Konzept nicht bekannt, kann von ihnen also auch nicht bewusst für ihren Spracherwerb genutzt werden. Wir halten es daher für sinnvoll, auf diese Art des Wortschatzerwerbs hinzuweisen.
Chunks enthalten Leerstellen, sogenannte ‚slots', die gefüllt werden können. Allerdings kann dies nicht beliebig passieren, sondern muss innerhalb der semantischen Zusammenhänge eines Satzes / Textes geschehen. Durch Abstraktion und Generalisierung können Lernende mögliche Ergänzungen herausfinden. Mithilfe des DWDS können dann zum Beispiel die ‚slots' füllenden Wörter überprüft werden. Durch das Filtern typischer wiederkehrender Strukturen der AWS können Lernende ihre eigenen Chunks erstellen, die sie später für das eigene Schreiben nutzen können.

TEST

a Die Überprüfung selbst gebildeter Wörter kann ebenso mit dem DWDS vorgenommen werden. Folgende Komposita existieren: Kontrollfähigkeit, Arbeitssphäre

b Diese Aufgabe stellt die Abschlussaufgabe der Einheit zu den digitalen Korpora dar: Die Studierenden sollen hier Sätze aus einer studentischen Hausarbeit mithilfe des DWDS überprüfen und ihr Vorgehen dabei besprechen.

Weiterführende Literatur:

Chrissou, Marios (2011): Mit Textkorpora im Unterricht arbeiten und Sprachförderung initiieren, unter: https://www.academia.edu/40105500/Mit_Textkorpora_im_Unterricht_arbeiten_und_Sprachf%C3%B6-rderung_initiieren

Handwerker, Brigitte / Madlener, Karin (2009): Chunks für DaF. Theoretischer Hintergrund und Prototyp einer multimedialen Lernumgebung (inklusive DVD). Baltmannsweiler: Schneider Hohengehren.

Heine, Antje (2008): Zur Nutzbarkeit der gegenwärtig verfügbaren deutschen Korpora für die Lernerlexikografie Deutsch als Fremdsprache. Anspruch und Wirklichkeit. In: Deutsch als Fremdsprache, 1/2008, S. 3–8.

Heringer, Hans-Jürgen (2009): Valenzchunks. Empirisch fundiertes Lernmaterial, Iudicium Verlag GmbH, München.

Lüdeling, Anke / Walter, Maik (2009): Korpuslinguistik für Deutsch als Fremdsprache. Sprachvermittlung und Spracherwerbsforschung, online abrufbar unter: https://www.linguistik.hu-berlin.de/de/institut/professuren/korpuslinguistik/mitarbeiter-innen/anke/pdf/LuedelingWalterDaF.pdf

Siepmann, Dirk (2009). Korpuslinguistik und Fremdsprachenunterricht. In: Jung (Hrsg.): Praktische Handreichung für Fremdsprachenlehrer. Frankfurt a. M.: Lang, 321–330.

Wallner, Franziska (2013): Korpora im DaF-Unterricht – Potentiale und Perspektiven am Beispiel des DWDS, online abrufbar unter: http://www.nebrija.com/revista-linguistica/korpora-im-daf-unterricht-potentiale-und-perspektiven-am-beispiel-des-dwds

Wallner, Franziska (2014): Lehren und Lernen mit Korpora im DaF-Unterricht. In: Fachmagazin Sprache hrsg. vom Goethe-Institut München.

Grammatik wissenschaftlicher Texte

Hintergrund

Kapitel C macht die Lernenden mit der Stilistik wissenschaftlicher Texte, die mittels typischer sprachlicher Strukturen realisiert werden, vertraut. Diese Strukturen empfinden viele Studierende zunächst als schwer lesbar und wenig zugänglich, wodurch das Lesen für sie zu einem zeitraubenden und frustrierenden Kraftakt werden kann.

Das Kapitel sensibilisiert die Lernenden zunächst für die Unterschiede populärwissenschaftlicher und wissenschaftlicher Texte. Danach stellt es die Gebote und Verbote wissenschaftlichen Schreibens vor und erklärt anschließend die Funktion dieser Gebote und Verbote. Erläuterungen und Übungen zu den typischen Grammatikstrukturen der wissenschaftlichen Texte bilden das Herzstück dieses Kapitels.

Auftaktseite

Die Auftaktseite thematisiert das oft mühselige und langwierige Lesen wissenschaftlicher Literatur. Sie bietet die Möglichkeit, mit den Studierenden über deren Leseerfahrungen mit deutschsprachigen wissenschaftlichen Texten ins Gespräch zu kommen. Ein Ergebnis dieses Austauschs kann sein, dass fachspezifische ebenso wie autorenspezifische Unterschiede konstatiert werden.
Mit der Einstiegssequenz verbinden wir die Absicht, die Studierenden zu motivieren, positive wie negative Leseerfahrungen zu äußern und bestehende Probleme anzusprechen. Der beabsichtigte Lerneffekt sollte die Feststellung sein, nicht alleine mit den Problemen dazustehen, sondern mit – auch für Muttersprachler_innen – typischen Problemen konfrontiert zu sein.
Möglicherweise tauchen während des Austauschs Fragen auf, die sich als Tabufragen klassifizieren lassen. Sie könnten diese Fragen festhalten und zum Abschluss der Beschäftigung mit Kapitel C beantworten.

Die Lesbarkeit wissenschaftlicher Texte

Der Textvergleich soll den Studierenden mit Deutsch als Fremdsprache die Unterschiede zwischen populärwissenschaftlichen Texten, die sie aus der DSH-Prüfungsvorbereitung bzw. der Vorbereitung auf den Test-DaF kennen, und wissenschaftlichen Texten verdeutlichen. In der Regel lesen Teilnehmende von DaF-Sprachkursen kaum wissenschaftliche Texte, sodass sie im Studium mit einer völlig anderen Qualität von Texten konfrontiert sind. Aber auch viele Studierende mit DaZ-Hintergrund

oder auch mit Deutsch als Muttersprache sind zu Beginn des Studiums mit wissenschaftlichen Texten überfordert.
Den Lernenden wird mit den abschließenden Übungen dieses Unterkapitels verdeutlicht, dass sie die Grammatikstrukturen bereits kennen und damit über die Voraussetzungen für einen Wissenstransfer verfügen. An dieser Stelle sollten Sie den Bogen zurück zur Auftaktseite schlagen und den Lernenden vor Augen führen, dass sie mit typischen *und* lösbaren Problemen konfrontiert sind. Das, was ihnen noch fehlt, um sich erfolgreich in wissenschaftlichen Texten zurechtzufinden, wird ihnen in den folgenden Unterkapiteln vermittelt.

1 Ein populärwissenschaftlicher und ein wissenschaftlicher Text im Vergleich

a Einfacher zu lesen ist Text A. Hier handelt es sich um einen populärwissenschaftlichen Text aus einer Zeitschrift.

c 1A, 2B, 3B, 4B, 5A, 6B, 7B

d 2 **eher komplexere Satzstrukturen:** Der moderne, handlungsorientierte Sprachunterricht geht davon aus, dass nicht nur die Inhalte selbst den Spracherwerb befördern, sondern vor allem die Auseinandersetzung (Zielsetzung, Interaktion, Handeln) mit den Inhalten nachhaltigen Spracherwerb bewirkt. … (Text B)
3 **Partizipialkonstruktionen:** Mediale Angebote können die dafür passenden Werkzeuge zur Verfügung stellen. (Text B)
4 **Passiv / Passiversatz:** Aus diesem konstruktivistischen Verständnis heraus lässt sich auch der Einsatz von digitalen Arbeitswerkzeugen schlüssig begründen: … Für die Erschließung der Lernumgebung benötigt er geeignete Werkzeuge, die er selbst zu finden und zu nutzen hat: … (Text B)
Die Sammelleidenschaft kann am stärksten in der Kindheit konstatiert werden, … (Text A)
5 **Aktiv:** Evolutionsbiologen beschäftigen sich seit geraumer Zeit mit der Sammelleidenschaft des Menschen. Der Mensch sammelt die unterschiedlichsten Gegenstände, unabhängig von ihrem materiellen Wert. (Text A)
6 **Nominalisierungen:** der Einsatz von digitalen Arbeitswerkzeugen (Text B); Für die Erschließung der Lernumgebung (Text B); Hinweise zur Verbesserung der eigenen Arbeitsstrategien (Text B), …
7 **Fremdwörter:** konstruktivistischen, interaktive Lexika, Thesauri, Mind-Mapping-Tools, Funktionen als Mentoren, Trainer, Produzent, adäquate elektronische Arbeitswerkzeuge (Text B)

Gebote und Verbote für das wissenschaftliche Schreiben

In den einschlägigen Lehrwerken und Ratgebern zum wissenschaftlichen Schreiben finden sich üblicherweise die Gebote zu Sachlichkeit und Abstraktion und – daraus abgeleitet – die Verbote zu erzählen, zu unterhalten und Affekte zu erregen, letztere Mittel der klassischen Rhetorik. Dem fügen wir mit diesem Unterkapitel eine kontrastive Perspektive hinzu, um zu verdeutlichen, dass die Gebote und Verbote nicht universell gelten, sondern kulturspezifisch sind.

Dafür soll **Aufgabe 1** sensibilisieren. In dem Fallbeispiel wird ein interkulturelles Missverständnis zwischen Lehrkraft und Studentin geschildert: Der Dozentin ist nicht klar, dass der Text von Martha Seda in ihrer Herkunftssprache als gelungen gelten kann. Der Studentin ist hingegen nicht klar, dass sie in der deutschen Wissenschaftssprache einen anderen Text verfassen muss als in ihrer Herkunftssprache.

An diese Einstiegsübung schließt sich ein **Infokasten zum Sachlichkeits- und Abstraktionsgebot** an, später folgt ein Infokasten zu Erzähl-, Unterhaltungs- und Affektverbot. Grundsätzlich ist dazu anzumerken: Die Beschäftigung mit den Geboten und Verboten des wissenschaftlichen Schreibens sehen wir als eine Gratwanderung. Die Vorgaben verstehen wir nicht als absolut, sondern als Richtschnur. Insofern ist die Rede von Geboten und Verboten etwas irreführend. Jedes Fach und letztlich auch jede_r Autor_in pflegt eine eigene Ausprägung dieser Regeln. Auf diese relativierende Aussage haben wir jedoch im Lehrbuch verzichtet, um das Thema für die Lernenden bearbeitbar zu halten und ihnen einige verlässliche Anhaltspunkte zu liefern. Wir haben uns dafür entschieden, in den Infokästen sowie den Aufgaben so etwas wie einen kleinsten gemeinsamen Nenner zu formulieren, also Grundsätze, mit denen sich wohl die Mehrheit der Wissenschaftler_innen einverstanden erklären kann.

1 Sachlichkeits- und Abstraktionsgebot

a Martha Seda hat sehr viel Zeit in ihre Seminararbeit gesteckt und ist zufrieden mit der Qualität. Ihre Dozentin sieht das ganz anders, in ihren Augen hat Martha die Standards wissenschaftlichen Arbeitens so schlecht erfüllt, dass sie die Seminararbeit überarbeiten muss. Die Dozentin versteht nicht, dass Martha die in Venezuela geltenden Standards für wissenschaftliches Arbeiten befolgt hat. Und Martha hat beim Schreiben ihrer Arbeit nicht berücksichtigt, dass in Deutschland andere Standards gelten als in ihrem Herkunftsland.

c 3A, 1B, 2C

d 1B, 2B, 3A, 4A

e 3B: Eigenlob; 2A: Polemik; 4B: Schmeichelei; 1A: Ironie

2 Erzähl-, Unterhaltungs- und Affektverbot

b 1 Der jährliche Armutsbericht der Bundesregierung deckt die **empörende** Kluft zwischen Arm und Reich auf: 2007 hortete ein Zehntel der Bevölkerung rund 60 Prozent des Gesamtvermögens. → **Skandalisierung**, verletzt Affektverbot.

2 An dieser Stelle sei **nur angedeutet**, dass die vorliegende Studie bemerkenswerte, aber auch widersprüchliche Ergebnisse zutage förderte. **Nach** der Darlegung der Vorarbeiten anderer, der zugrundeliegenden Theorie sowie der angewendeten Methode werde ich **darauf zurückkommen**. → **Spannungsbogen**, verletzt Unterhaltungsverbot.

3 Zunächst **folgte ich** der Annahme, die Befunde seien atypisch. Nachdem ich meine Ergebnisse in verschiedenen Forschungszusammenhängen **diskutiert hatte** (Kolloquium, internationale Fachtagung), **kam ich** zu dem Schluss, nicht meine Vorgehensweise in Frage zu stellen, sondern meine Deutung. → **Schilderung von wissenschaftlichen Alltagshandlungen**, verletzt Erzählverbot.

4 Der Geschäftsführer forderte mich auf, die praktische Relevanz und den „Gebrauchswert" meiner Forschung für sein Unternehmen darzulegen. Dass er eine Kosten-Nutzen-Rechnung aufstellte, machte ihn mir sofort **unsympathisch.** → **Mitteilung von Gefühlen**, verletzt Affektverbot.

d **neutral (/):** vergleichbare Fälle, natürliche Verhaltensweise, hauptursächliche Faktoren, weiterführende Literatur, grundsätzliche Annahme
positiv (+): bemerkenswerte Thesen, zweckmäßiges Vorgehen, nützliches Instrumentarium, relevante Ergebnisse, kluge Analyse, vielversprechende Befunde

negativ (-): fragwürdiger Blickwinkel, denkwürdige Theorie, zweifelhafte Aussagen, nebensächliche Frage, triviale Feststellung, redundanter Vortrag, unerhörte Ansicht, unhaltbare Annahmen, vernichtendes Urteil, bruchstückhaftes Wissen

Wissenschaftstexten Autorität verleihen

Den Geboten und Verboten schließt sich eine Übungseinheit zu der Frage an, wodurch Wissenschaftstexte glaubwürdig werden. Hier wird erklärt, welche Funktion die Gebote und Verbote übernehmen. Somit wird an dieser Stelle Kontextwissen vermittelt. Dieses Unterkapitel bildet mit dem vorangegangenen eine didaktische Einheit. Wir haben uns jedoch für eine eigenständige Unterüberschrift entschieden, um dem Aspekt der Autorität wissenschaftlicher Texte auch *optisch* das Gewicht zu verleihen, das wir ihm *inhaltlich* zuschreiben.

Wie bereits erwähnt, halten wir es für problematisch, stilistische Regeln zu vermitteln und es dabei zu belassen. Die Wissenschaftssprache ist einem Wandel unterworfen, z. B. unter dem Einfluss des Angelsächsischen sowie aktueller Diskurse über das Wissenschaftsverständnis. Vor dem Hintergrund dieser Überlegungen sprechen wir nicht vom „Ich-Tabu", wie es in einigen anderen Lehrwerken üblich ist. Wir halten das für zu rigide und auch für unzutreffend, weil sich zunehmend mehr Autor_innen in den Geistes-, Kultur- und Gesellschaftswissenschaften ganz bewusst in ihren Texten als forschende Subjekte sichtbar machen. Stattdessen findet sich bei uns im Infokasten der relativierende Hinweis, *sparsam mit ‚ich'* umzugehen.

1 Komplexität und Schwierigkeitsgrad

a Antwortoptionen sind:
- Schachtelsätze, also Sätze, die sich über mehrere Zeilen erstrecken und bei denen es viel Mühe kostet, die Bezüge festzustellen.
- Aneinanderreihung von Fremdwörtern.
- Anhäufung von Fußnoten.
- Einfügung von Exkursen, also von abschweifenden Kommentaren, die Nebenaspekte des behandelten Themas erläutern.

2 Der / die Autor_in im Text

a Text 2 ist angemessen selbstbewusst formuliert. Text 1 enthält viele Formulierungen, die eine Unsicherheit ausdrücken, wie z. B. *ich habe mich bemüht, … es könnte sinnvoll sein* etc. Außerdem wird hier in der ersten Person Singular geschrieben, damit gesteht die Autorin ihren Aussagen keine Allgemeingültigkeit, keine Autorität zu, sie hält sie nicht für allgemein gültig. Text 3 ist zu selbstbewusst formuliert: *Ich betrete damit Neuland, … Das Aufsehen erweckende Ergebnis …* Der Text verletzt damit das Sachlichkeitsgebot.

3 Ausnahmefälle

a Das zweite Beispiel entspricht nicht den Vorgaben, weil in dem Textausschnitt der Pluralis Majestatis verwendet wird.

b Es konnte gezeigt werden, wie komplex die Herausforderungen sind, vor denen internationale Studierende stehen, wenn sie ihren ersten deutschsprachigen Wissenschaftstext verfassen. Im nächsten Kapitel sollen die Unterstützungsmöglichkeiten für internationale Studierende diskutiert werden.

Sprachliche Strukturen wissenschaftlicher Texte

Den DaF-Lernern bereits aus den B2/C1-Sprachkursen bekannte Grammatikthemen werden hier im Kontext wissenschaftlicher Texte beleuchtet und wiederholt. Darüber hinaus wird ihre Funktion in wissenschaftlichen Texten erläutert. Auch hier verfolgen wir einen kontrastiven Ansatz: Es werden Hinweise zu möglichen Problemen aufgrund von Interferenzen oder des Gebrauchs vergleichbarer Strukturen in anderen Wissenschaftssprachen gegeben.

Die Grammatik wird dabei konsequent an Beispielsätzen aus dem wissenschaftlichen Kontext eingeübt. Die Aufgaben orientieren sich an der Verwendung der sprachlichen Strukturen beim Lesen und Schreiben wissenschaftlicher Texte.

Viele dieser Strukturen sind in ihrer konkreten Verwendung in der Wissenschaftssprache bislang nicht hinreichend untersucht und / oder didaktisch aufbereitet. Insofern stellt dieses Kapitel ein Novum dar und ist als ein Vorschlag zu verstehen. Die Lehrenden sind aufgerufen, hier anzuknüpfen und weitere Übungen zu entwickeln.

1 Das *werden*-Passiv

a

Vorgangspassiv	
Präsens	In dieser Arbeit wird XY analysiert.
Präteritum	In dieser Arbeit wurde XY analysiert.
Vorgangspassiv mit Modalverb	
Präsens	In dieser Arbeit soll XY analysiert werden.
Präteritum	In dieser Arbeit sollte XY analysiert werden.

b 1a, 2b

c Folgende Gruppen von Verben können kein Passiv bilden: Verben des Habens / Erhaltens, Verben, die einen Inhalt, eine Anzahl, ein Gewicht oder einen Preis angeben, Verben in der Bedeutung von ‚sein', intransitive Verben mit ‚sein' / ‚haben' im Perfekt, unpersönliche Verben, reflexive Verben.

d 2 Die Studie wurde in englischer Sprache abgefasst.
3 Auf der Basis eines Korpus wurden mehrere Artikel untersucht.
4 In einem nächsten Schritt werden die Ergebnisse mit Studienresultaten aus Großbritannien verglichen.
5 Die Ergebnisse wurden in die wissenschaftliche Öffentlichkeit kommuniziert.
6 Ein neuer Antrag auf Unterstützung ist gestellt worden.

e 2 In einem nächsten Schritt werden die Konzepte X und Y umrissen.
In einem nächsten Schritt sollen die Konzepte X und Y umrissen werden.

3 Anschließend wird der Forschungsgegenstand klar eingrenzt.
Anschließend soll der Forschungsgegenstand klar eingegrenzt werden.
4 Im Folgenden werden die Standpunkte von X und Y in Bezug auf Z verglichen.
Anschließend sollen die Standpunkte von X und Y in Bezug auf Z verglichen werden.
5 Abschließend wird ein Ausblick über die Notwendigkeit weiterer Forschung gegeben.
Abschließend soll ein Ausblick über die Notwendigkeit weiterer Forschung gegeben werden.

f 2 In einem nächsten Schritt wurden die Konzepte X und Y umrissen.
3 Anschließend wurde der Forschungsgegenstand klar eingrenzt.
4 Im Folgenden wurden die Standpunkte von X und Y in Bezug auf Z verglichen.
5 Abschließend wurde ein Ausblick über die Notwendigkeit weiterer Forschung gegeben.

2 Das *sein*-Passiv

a

Sein-Passiv Präsens	Die Untersuchung ist damit abgeschlossen.
Sein-Passiv Präteritum	Die Untersuchung war damit abgeschlossen.

b 1 Er ist auf Deutsch verfasst. 2 Der Artikel ist sehr klar formuliert. 3 Das Ergebnis ist / wird damit begründet, dass … 4 Die Studien sind bereits veröffentlicht. 5 Jede Etappe wird genau einmal durchlaufen. 6 Die reale Forschung ist von einer eingeschränkten Vorhersehbarkeit des Forschungsverlaufs geprägt.

3 Angabe des Agens: Verwendung der Präpositionen *von* und *durch*

a 2 Insgesamt wurden 125 Personen von ihnen zu diesem Thema befragt. 3 Durch die gründliche Auswertung wird ein detailliertes Bild der Wikipedia-Nutzung gezeichnet. 4 Die Informationen wurden der Öffentlichkeit von den Studierenden zugänglich gemacht. 5 Die Informationen wurden auch von der örtlichen Presse aufgegriffen.

4 Texte bewerten und überarbeiten

a Der Text enthält das Pronomen ‚wir', das unüblich für wissenschaftliche Texte ist. Die Sätze sind im Aktiv formuliert, Passiv / Passivparaphrasen wären geeigneter. Üblich ist die Passivkonstruktion mit dem Modalverb ‚sollen'.

Mögliche Lösung:
Im Mittelpunkt der vorliegenden Arbeit soll der Roman „Anicet ou le panorama, roman" stehen, da hier m. E. nach bereits wichtige Überlegungen, die spätere surrealistische Bewegung betreffend, angelegt sind. Aber auch für das Verständnis des Werkes von Louis Aragon ist dieser Text entscheidend. Weitere Aufsätze und Artikel Aragons aus dieser Zeit sollen berücksichtigt werden, bevor im Anschluss die Ergebnisse der Suche Anicets / Aragons vorgestellt und diskutiert werden. Aufgrund seiner dadaistischen Züge und seiner Ironie fällt es schwer, Aussagen des Buches eindeutig zu bewerten. Daher werden ausgewählte Aussagen im Hinblick auf die spätere surrealistische Ästhetik analysiert und diskutiert.

b **Anmerkung:**
Sich der Unterschiede zwischen Wissenschaftstexten verschiedener Sprachen bewusst zu werden, ist notwendig, um typische Fehler zu vermeiden. Dazu ein Beispiel aus unserer Unterrichtspraxis: Die Texte französischsprachiger Teilnehmer_innen einer Schreibwerkstatt enthalten keine Sätze mit dem werden-Passiv mit Modalverben. Diese Strukturen sind jedoch typisch für bestimmte Textteile in der deutschen Wissenschaftssprache. Ursache für das Fehlen dieser Struktur ist, dass die französische Sprache sie an diesen Textstellen nicht verwendet, weshalb sie in deutschen Texten französischer Muttersprachler_innen nicht enthalten ist.

5 Passiversatz mit modaler Bedeutung

a 2 Der Vorgang kann wie folgt dargestellt werden. 3 Der Text kann vom Leser mühelos erschlossen werden. 4 In den nächsten Jahren müssen die Richtlinien in die Praxis umgesetzt werden. 5 Die Umweltgesetze müssen von den Konzernen befolgt werden. 6 Dieser Ansatz kann nur dann verstanden werden, wenn man … 7 Die Interpretation kann nicht nachvollzogen werden.

b

in der Bedeutung ***können***	in der Bedeutung ***müssen***
sich lassen + Infinitiv; reflexive Verben	es gilt + Infinitiv + zu; haben + Infinitiv + zu; sein + Infinitiv + zu

c 1D, 2C, 3B, 4A
‚Man' stellt in diesem Text keine eindeutigen Bezüge her. Im Gegenteil: Es ist unpräzise, denn es wird nicht deutlich, von wem die Rede ist bzw. von wem die wiedergegebenen Auffassungen vertreten werden: in den ersten Fällen von anderen, auf die sich die Autorin bezieht, und im letzten Fall von der Autorin selbst.

d 2 Das Fehlen konkreter Maßnahmen ist darauf zurückzuführen, dass … 3 Dieses Material lässt sich für weiterführende Seminare nutzen. 4 Diese Definition ist in zweierlei Hinsicht zu kritisieren. 5 Das Phänomen ist nur vor diesem Hintergrund zu erschließen. 6 Hier gilt es, das Augenmerk auf die Art der Untersuchung zu richten. 7 Der Vertrag hat von beiden Parteien eingehalten zu werden. / Beide Parteien haben den Vertrag einzuhalten. 8 Eine baldige Annäherung beider Seiten ist nicht vorstellbar.

e Mit diesem Beitrag sollen einige Bereiche des sinnvollen, d.h. auf die Erzielung eines Lernmehrwertes ausgerichteten Einsatzes neuer Technologien und Online-Anwendungen zur Förderung der studentischen Schreibkompetenz aufgezeigt werden. Dabei sind die Herausforderungen, denen sich Studierende beim Lernen der Fremdsprache Deutsch zu stellen haben, besonders zu berücksichtigen. Hierfür ist es notwendig, kurz auf die Funktion von Texten in der Wissenschaft und einige Aspekte des akademischen Schreibens einzugehen und die besonderen Schwierigkeiten fremdsprachlicher Studierender herauszustellen. Im Anschluss an einen knappen Überblick sollen anhand einiger Beispiele Einsatzmöglichkeiten für eine Arbeitserleichterung und die didaktische Mehrwertgewinnung, die in Angeboten zur Förderung der Schreibkompetenz durch Medieneinsatz liegen kann, aufgezeigt werden.

6 Funktionsverbgefüge

a 2 in Betracht kommen, 3 auf Ablehnung stoßen, 4 zur Diskussion stehen, 5 als Beispiel dienen, 6 Beachtung finden, 7 zu einem Ergebnis kommen, 8 zur Debatte stehen, 9 Verwendung finden, 10 im Gegensatz stehen, 11 Berücksichtigung finden, 12 zum Abschluss kommen, 13 eine Vereinfachung erfahren, 14 eine Veränderung erfahren

c 1 der ständigen ~, umfangreichen~, direkten~, politischen~, staatlichen ~, sozialen~, strengen~ Kontrolle unterliegen, 2 auf massive~, verständnislose~, heftige~, gesellschaftliche~ Ablehnung stoßen, 3 einen zusätzlichen ~, wesentlichen ~, umfangreichen ~ Beitrag leisten, 4 aktive ~, wesentliche ~, breite ~, internationale ~, größtmögliche ~ Unterstützung erfahren, 5 in öffentlichen der Kritik stehen.

d 2 Die Ergebnisse der Untersuchungen kommen bei der Behandlung der PTBS zur sofortigen Anwendung. 3 Viele Patienten mit der Diagnose PTBS befinden sich in spezialisierten Kliniken in Behandlung. 4 Daneben finden soziale Faktoren, die bei der Entstehung einer PTBS eine Rolle spielen, bei der Behandlung Beachtung. 5 Auch werden physische Auswirkungen der PTBS bei der Auswertung der Behandlung in Betracht gezogen. 6. Selten stoßen die neuen Therapieformen bei den Patient_innen auf Ablehnung.

e Die Aktion im Satz wird betont: Das Thema wird im Seminar zur Diskussion gestellt.
Das Agens (der Handelnde) wird genannt: Die Seminarteilnehmer diskutieren das Thema.
Die neue Information steht in betonter Position am Ende des Satzes, in der Position des Rhemas: Das Thema wird im Seminar zur Diskussion gestellt.

7 Nominalisierung

a ☒ Nominale Konstruktionen sind kürzer und erlauben somit eine Verdichtung (Kondensierung) der Informationen.
☒ Der Urheber der Handlung (‚Agens') wird in der Regel nicht genannt.

b 2 nominalisierte Präposition, 3 nominalisiertes Adjektiv, 4 Nomen mit Endungen (-ung / -heit / -keit etc.), 5 nominalisierter Infinitiv

c 1. Das stets verspätete Handeln der EU in Krisensituationen.
2. Die Handlung des Stückes rankt sich um einen Familienkonflikt.

d der Handel, der Händler; mit Präfixen: die Verhandlung, die Abhandlung, die Behandlung, ...

e B2, C4, D5

f 2 So berichten Medien immer wieder über Amokläufe Jugendlicher. 3 Sie führen dies auf den schlechten Einfluss von Videospielen auf die Jugendlichen zurück. 4 Ich werde mich mit dem Zusammenhang von szeneinternen Medien und der Sozialisation in der Graffiti-Subkultur auseinandersetzen. 5 Medien dienen zur / der Vermittlung von subkultur-internem Wissen. 6 Aus diesem Grund sind die Kenntnis dieser Medien und ein Verständnis ihrer Botschaften wichtig.

g Der starke Einfluss der Medien. Zusammenhang von szeneinternen Medien und Sozialisation. Vermittlung subkultur-internen Wissens durch Medien.

8 Partizipialkonstruktionen

a 2 Die in der Einleitung bereits angeführten Annahmen sollen im Folgenden genauer erläutert werden. 3 Bedingt durch einen viel zu eng gefassten Begriff der Schreibkompetenz ist eine erfolgversprechende Entwicklung des Schreibens nicht möglich.

b 2 eine nicht näher bezeichnete Ursache, 3 eine nicht begründete Herangehensweise, 4 an der Befragung teilnehmende Frauen, 5 nicht einbezogene Aspekte, 6 nicht zu berücksichtigende Parameter, 7 ein vergleichender Ansatz, 8 die oben diskutierte Frage, 9 empirisch fundierte Ergebnisse, 10 eine inhaltlich abgeschlossene Einheit

c 2 die anzuwendenden Methoden, 3 eine zu verurteilende Vorgehensweise, 4 noch zu ermittelnde Variablen, 5 eine zu vernachlässigende Größe, 6 eine an dieser Stelle nicht zu leistende Aufgabe, 7 noch abzusteckende Bedingungen.

d 2 Verglichen mit der Lage von Asylbewerber_innen in anderen Ländern, muss diese Situation kritisiert werden. 3 Eine Änderung der Gesetzgebung, in der Literatur bereits ausführlich diskutiert, ist durchaus möglich. 4 Wie bereits eingehend von Schulenburg (2013) untersucht, hätte diese positive Konsequenzen für die Integration der Asylbewerber_innen. 5 Die aktuelle Debatte in Deutschland, geprägt von der Dominanz der Medien, kann als ambivalent beschrieben werden.

e 2 Franz Xaver, der erste in Asien missionierende Jesuit, beschäftigte sich beinahe ausschließlich mit der Bekehrung der Einheimischen. 3 Die sich in China ab dem Ende des 17. Jahrhunderts ansiedelnden französischen Jesuiten wurden als Wissenschaftler beschrieben, was mit der Entwicklung der Aufklärung in Frankreich zu dieser Zeit in einem Zusammenhang zu sehen ist. 4 In diesem Essay wurde festgestellt, dass die Jesuiten ein echtes Interesse für die von ihnen studierten Kulturen zeigten. 5 Die nach ihrem Studium weiterhin wissenschaftlich arbeitenden Missionare wurden dazu angeregt, die entdeckte Kultur zu erforschen.

9 Reflexive Verben

a 2 Hier finden sich Nischen für den Absatz des Produktes.
3 Betrachtet man nun die Untersuchungsergebnisse, zeigen sich Unterschiede im Zusammenhang mit dem Lehren und Lernen.
4 Die Module unterscheiden sich nach Funktion und Inhalt.
5 Der Blick richtet sich auf die Entstehung der Schreibfähigkeiten.

b 2 Diese Forderungen ergeben sich aus den vorangegangenen Entwicklungen.
3 Die Theorie zeichnet sich früheren Vermutungen gegenüber als überlegen aus.
4 Müllers Position hebt sich deutlich von der Auffassung Meiers ab.
5 Diese Politik wirkt sich negativ auf die Entwicklung der Löhne und Gehälter aus.

10 Konstruktionen mit „es“

a 1 unpersönliches es, 2 Erststellen-es, 3 Erststellen-es, 4 Erststellen-es, 5 Erststellen-es, 6 unpersönliches es, 7 Erststellen-es, 8 unpersönliches es, 9 unpersönliches es, 10 Erststellen-es, 11 Erststellen-es, 12 Erststellen-es

b 1b, 2a, 3a, 4a, 5b, 6a

11 lassen + Infinitiv / zulassen + Nomen / erlauben + Nomen

a 2 Der Erhaltungszustand der Siegel erlaubt Aussagen über ihre damalige Verwendung. 3 Ihre unterschiedliche Größe lässt vermuten, dass diese mit unterschiedlichen Funktionen verbunden sind. 4 Die Darstellung der Kleidung lässt unterschiedliche Beeinflussungsrichtungen zwischen dem assyrischen und dem babylonischen Kulturkreis erkennen. 5 Der Abdruck lässt die Gestaltung der Skarabäusbeine deutlich hervortreten. 6 Die Funde lassen eine Aussage über den Gebrauch der Siegel zu.

12 Übertragung des Autors auf den Text / auf Textteile (Subjektschub)

Das 2. Kapitel gibt einen Überblick über die zwei wichtigen Theorien der Lehr- und Lernforschung, Konstruktivismus und Behaviorismus. Das 3. Kapitel diskutiert und vergleicht die Theorien.
Das 4. Kapitel stellt Ideen für die didaktische Anwendung im Unterricht vor. Das 5. Kapitel fasst die wichtigsten Punkte zusammenfassen und benennt Desiderata für die weitere Forschung.

TABUFRAGE

Praxisempfehlung: Vielleicht haben Sie in der Einstiegssequenz Fragen Ihrer Kursteilnehmer_innen gesammelt, die sich dieser Rubrik zuordnen lassen. Hier können Sie diese Fragen in Erinnerung rufen und beantworten.

Lösungsvorschlag: Diese Frage lässt sich nicht mit ‚ja‘ oder ‚nein‘ beantworten. Vielmehr kommt es darauf an, um welches wissenschaftliche Werk es sich handelt. Wenn es zum Kanon Ihres Faches gehört, also grundlegend ist für Ihr Fach und von anderen immer wieder zitiert wird, sollten Sie sich dieses Werk erschließen. Dabei helfen Ihnen – neben den Ausführungen und Übungen zu den stilistischen Besonderheiten deutschsprachiger Wissenschaftstexte in diesem Kapitel – Bücher, die andere über das Werk geschrieben haben (= Sekundärliteratur). Solche Bücher gibt es für die allermeisten Klassiker. Wenn Sie verstanden haben, worum es der/dem Autor_in geht, fällt Ihnen das Lesen des Originaltextes leichter.

TEST

Praxisempfehlung: Anhand dieses kurzen, authentischen Textes und mithilfe des erworbenen Wissens können die Studierenden verschiedene Formulierungsvorschläge diskutieren.

Formulierungsvorschlag: Im Rahmen des Studienkollegs zu Berlin soll ein Projekt, welches das Problem der studentischen Nebenjobs aufgreift, verwirklicht werden. Die Projektgruppe bezweckt erstens, die Motive und die Erfahrungen der jobbenden Studenten mithilfe von Interviews zu verstehen. Dabei soll herausgefunden werden, ob die schwierige finanzielle Situation der einzige und der wichtigste Grund ist, zu jobben oder ob auch andere Faktoren eine wesentliche Rolle spielen. Zweitens ist auch die Befragung nicht arbeitender Studierender geplant.

PROJEKT

Der Einsatz wissenschaftstypischer Sprachstrukturen in einer nichtwissenschaftlichen Textsorte wie dem Märchen erlaubt einen distanzierten, verfremdeten Blick auf die typischen Strukturen der Wissenschaftssprache. Diese Strukturen spielerisch zu benutzen, bereitet unserer Erfahrung nach den Kursteilnehmenden sehr viel Vergnügen. Der abgedruckte Text wurde von einer Teilnehmerin eines Deutschkurses des Studienkollegs zu Berlin verfasst und erntete beim Vorlesen großes Gelächter.

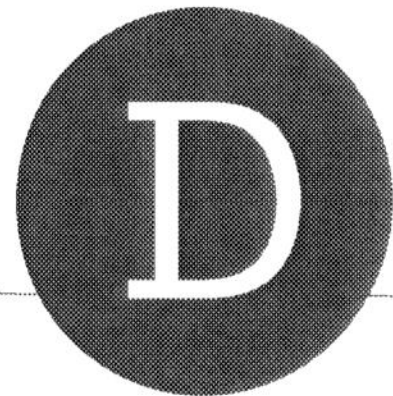

Wissenschaftliche Texte lesen und verstehen

Hintergrund

Kapitel D ist als Zusammenfassung von Band 1 sowie als Brückenkapitel zu Band 2 konzipiert. Wir haben die Übungen zum Leseverständnis so angelegt, dass sich zahlreiche Anknüpfungspunkte an die vorangegangenen Kapitel ergeben, insbesondere an Kapitel B und C. Auf diese Weise haben die Sequenzen zum Leseverständnis auch einen wiederholenden Charakter.
Zwar stehen in Band 1 die *rezeptiven* Fähigkeiten im Mittelpunkt, aber in Kapitel D verschiebt sich der Fokus hin zu den *produktiven* Fähigkeiten, die in Band 2 sowie im Intensivtrainer ganz zentral werden. Das Lesen wissenschaftlicher Texte kann sinnvollerweise nicht losgelöst von der eigenen Textproduktion behandelt werden. Kapitel D beschränkt sich allerdings auf die studentischen Textsorten Exzerpt und Zusammenfassung.

Bei der Erarbeitung von Kapitel D stützten wir uns auf die empirischen Ergebnisse des *Citation Project* (Jamieson 2013). Zwar wurden diese Daten in den USA erhoben, aber wir halten sie für übertragbar. Für den bundesdeutschen Hochschulkontext existiert derzeit keine vergleichbare Studie.

Der Datenkorpus des *Citation Project* umfasst 800 Seiten bzw. 174 Aufsätze, die von Erstsemester-Studierenden aus 16 Colleges und Hochschulen in den USA verfasst wurden. Mit der Aufgabenstellung wurden ihnen verschiedene Quellentexte zur Verfügung gestellt. Die Auswertung der Aufsätze (*research papers*) lässt auf Defizite des wissenschaftlichen Arbeitens und Schreibens schließen: 46 % der Zitate stammen von der ersten Seite einer der Quellen, 23 % von der zweiten Seite. 77 % beziehen sich auf die ersten drei Seiten einer der Quellen – unabhängig vom tatsächlichen Umfang der wissenschaftlichen Abhandlung. Lediglich 9 % der Zitate stammen von der achten oder einer noch höheren Seite. Zudem wurden 57 % der Quellen nur einmal pro Text zitiert und 76 % zweimal.

Diese bedenklichen Befunde führt Jamieson nicht auf die intellektuelle Faulheit der Studienteilnehmer_innen zurück, sondern auf Defizite der Schreibdidaktik. Es besteht nämlich eine große Diskrepanz zwischen dem, was Hochschulehrende als gegeben voraussetzen und dem, was Studienanfänger_innen tatsächlich mitbringen. Daher werden sie ihrer Zielgruppe nicht gerecht und können sie nicht dort abholen, wo sie aktuell stehen. Nach Kantz (1990: 74) legen viele Lehrkräfte ihrem Unterricht die folgenden Annahmen zugrunde: Studierende der ersten Semester können:
- Quellentexte verstehen und zusammenfassen,
- das für ihr Thema relevante Material auswählen,
- die Quellentexte den Erfordernissen der Textsorte entsprechend bearbeiten,

- einfallsreiche Verbindungen zwischen wissenschaftlichen Ideen herstellen,
- eine angemessene Gliederung erzeugen,
- Informationen darstellen, ohne die Originalquelle zu kopieren, z.B. den Satzbau.

Laut Jamieson verweist ihre eigene Studie sowie die Untersuchungen anderer darauf, dass diese Annahmen weit an der Praxis vorbeigehen. Studierende der ersten Semester haben Probleme mit

- dem Kontext, z.B. fehlt ihnen das Wissen um die Ziele verschiedener wissenschaftlicher Textsorten; sie kennen die Gründe nicht, aus denen Quellen zitiert werden; ihnen fehlen Kenntnisse über das akademische Schreiben im Allgemeinen.
- den neuen Anforderungen. Erhalten sie den Arbeitsauftrag, eine bestimmte Textsorte, z.B. einen Essay, zu produzieren, erledigt die Mehrheit genau diesen Arbeitsauftrag – wie aus Schulzeiten gewohnt. Ihr Ziel besteht darin, das geforderte Papier zu produzieren und nicht, das Wissen zu einem bestimmten Thema zu vertiefen. Dieser Umstand wirkt sich nachteilig auf das Verstehen aus.
- der Lese- und Schreibpraxis. Viele Studierenden sind mit komplexen Argumentationen in Originaltexten überfordert. Sie praktizieren eine unvorteilhafte Arbeitstechnik: Sie bearbeiten Satz für Satz und nicht Abschnitt für Abschnitt. Daher fehlt ihnen bis zum Schluss ein Überblick über den gesamten Text. Häufig erfassen sie nicht die Hauptaussagen von Texten, was sich darin zeigt, dass sie in ihrem eigenen Text eng am Originaltext bleiben. Wobei dieser Befund nicht verallgemeinert werden sollte, denn in der Regel gelingen und misslingen Studierenden in ein und demselben Text Paraphrasen bzw. Zusammenfassungen.
- dem Transfer der erlernten Schreibpraktiken. Es ist davon auszugehen, dass Studierende dabei unterstützt werden müssen, allgemeine Techniken des wissenschaftlichen Schreibens in ihren konkreten Schreibprojekten anzuwenden. Das gilt insbesondere dann, wenn die Studierenden nicht auf Vorwissen zum Thema aufbauen können, sondern sich das Thema während des Lesens und Schreibens erschließen müssen. Hier gilt es, die Komplexität der Anforderungen zu reduzieren und den Arbeitsprozess in die notwendigen einzelnen Arbeitsschritte zu zerlegen.

Aus den empirischen Befunden resultieren laut Jamieson folgende Schlussfolgerungen:

- Die Praktiken von Studierenden sind in den meisten Fällen als ein Fehlgebrauch der Quellen (*misuse of sources*) aufgrund fehlender Kenntnisse und Fähigkeiten und nicht als eine Herstellung von Plagiaten in betrügerischer Absicht zu interpretieren. In erster Linie ist daher die Wissenschaftsdidaktik gefragt; juristische Interventionen sind nur in Ausnahmefällen angemessen.
- Die Vermittlung von Lese- und Schreibtechniken sollte mit konkreten Inhalten verbunden, also das Schreiben eigener Texte vorentlastet werden. Vielen Studierenden fällt es leichter, einen eigenen Text zu einem Thema zu verfassen, mit dem sie sich bereits in Vorlesungen oder Seminaren beschäftigt haben. Bei interdisziplinären Gruppen können alternativ Texte zu aktuellen gesellschaftspolitischen oder kulturellen Themen gewählt werden.
- Nicht nur ist die Fähigkeit der Studierenden zu schulen, die zentralen Aspekte der Texte zu identifizieren und im Fokus zu behalten, sondern sie sind auch darin zu unterstützen, sich das zuzutrauen.
- Als Einstiegsübung wenige Absätze paraphrasieren und zusammenfassen lassen. Die Ergebnisse intensiv besprechen. Lernziel: Die Studierenden befähigen, nicht Satz für Satz vorzugehen, sondern die Aussage der gesamten Passage zu erschließen und aufzuschreiben.
- Alle Studierenden die gleichen Quellen bearbeiten lassen. Auf diese Weise wird deutlich, dass es nicht die eine richtige Lesart, sondern unterschiedliche, legitime Lesarten gibt.
- Nicht mehr als drei oder vier Quellen in einem Text bearbeiten lassen, um das Ganze überschaubar und praktikabel zu halten. Ergänzende Übung: Die Studierenden auffordern, selbstständig zwei ergänzende Quellen zu jenen Aspekten zu recherchieren, die sie am Thema besonders interessieren.

- Die Studierenden dazu anhalten, vor dem Schreiben des eigenen Textes die Quellentexte wegzulegen und aus dem Gedächtnis oder auf der Grundlage eigener Notizen zu schreiben, um Abstand zu gewinnen und eine wörtliche Widergabe zu vermeiden. Erst im Schritt der Überarbeitung in die Quellentexte zurückgehen.

Auftaktseite

Unserem Thema nähern wir uns auf zwei verschiedenen Ebenen: Auf der einen Ebene findet eine ironische Brechung statt. Das absurd komplizierte Zitat von Herbert Marcuse wird mit Hilfe eines Zitats von Rudolf Walter Leonhardt kritisch kommentiert. Diese Herangehensweise ist respektlos – und das mit voller Absicht. Wir reagieren damit auf „das Problem, daß die Studierenden gerade am Studienanfang wenig Mut dazu besitzen, sich gegen die erdrückende Autorität der publizierten Texte zu behaupten und sich selbst als Autoren wissenschaftlicher Schriften zu verstehen." (Kruse/ Ruhmann 2003: 110) Dasselbe Phänomen beschreiben Helmut Stiefenhöfer (1986) für den Fremdsprachenunterricht in der Bundesrepublik (ebd.: 148) und Sandra Jamieson (2013) für den US-amerikanischen Hochschulkontext.

Unser Anliegen ist also einmal mehr, den Studierenden die Ehrfurcht von der hehren Wissenschaft und ihren Koryphäen zu nehmen. Sprachkritik ist erlaubt und soll Spaß machen. Dabei folgen wir dem didaktischen Grundsatz, dass neben den kognitiven Elementen, auch die affektiven Elemente – die Sinnfrage, das Selbstwertgefühl der Lernenden, die Freude am Umgang mit Texten – in den Unterricht einbezogen werden sollten (vgl. Stiefenhöfer 1986: 127).

Auf der anderen Ebene findet eine ernsthafte Beschäftigung mit Marcuses Zitat statt. Die Aufgabe ist, sich das Zitat trotz seiner Sperrigkeit zu erschließen und nicht einfach zum nächsten, leichter geschriebenen Buch zu greifen. Hier besteht der didaktische Grundsatz darin, der weit verbreiteten Vermeidungsstrategie, einen Bogen um schwierige Texte zu machen, entgegenzuwirken (vgl. ebd.: 1).

SELBSTTEST

Aus den oben dokumentierten zentralen Befunden des *Citation Project* (Jamieson 2013) sowie aus der Publikation von Helmut Stiefenhöfer (1986: 82 ff.) haben wir einen Selbsttest entwickelt. Dieser stellt in komprimierter Form alle Aspekte dar, die in den genannten Untersuchungen als relevant herausgearbeitet worden sind. Der Selbsttest soll vier Aufgaben erfüllen:

Erstens geht es neben der originären Aufgabe, die eigene Lesekompetenz einzuschätzen, *zweitens* darum, die Lernenden für das Leseverstehen zu sensibilisieren. Denn für das Leseverstehen von wissenschaftlichen Texten spielen sehr viele Aspekte eine Rolle. Diese „aufzudröseln" hilft, bestehende Probleme zu lösen. *Drittens* soll der Selbsttest das Selbstbewusstsein der Lernenden stärken. Indem die Lernenden den Test nicht nur für Deutsch als Wissenschaftssprache, sondern auch für jene Sprache ausfüllen, in der sie wissenschaftlich sozialisiert worden sind, wird ihnen bewusst, an welche Stärken sie anknüpfen können. *Viertens* findet sich auf der Abschluss-Seite ein weiterer Selbsttext, sodass die Lernenden ihre Lernerfolge nach der Erarbeitung des Kapitels D sichtbar machen können.

Wissenschaftliche Literatur

 Funktionen wissenschaftlicher Werke

Nach den Gründen für die Produktion und die Rezeption wissenschaftlicher Werke zu fragen, könnte als naiv abgetan werden. Zumindest wird diese Frage, soweit wir das überblicken, selbst in Einführungsveranstaltungen nicht gestellt. Wir meinen jedoch, dass die Beantwortung dieser Frage einen Erkenntnisgewinn bedeutet, der sich positiv auf das Leseverstehen auswirken kann. Unserem Grundsatz folgend, zu jedem Themenkomplex immer auch Kontextwissen zu vermitteln, betrachten wir in dieser Sequenz die wissenschaftsimmanenten wie die machtstrategischen Gründe der Wissensproduktion.

Anhand von zu Übungszwecken konstruierten Zitaten wird demonstriert, dass sich die Intentionen der Autor_innen aus ihren Texten herauslesen lassen. Wir folgen hier einem Verständnis von Wissenschaft, für das, neben der Generierung neuer Forschungsergebnisse, die Praktiken der Wissensproduktion von zentraler Bedeutung sind. Mit den Zitaten wollen wir zugleich beispielhaft vorführen, wie Nachwuchswissenschaftler_innen in einer angemessenen Art und Weise Kritik äußern können – eine Frage, über die gerade bei internationalen Studierenden große Unsicherheit besteht. Vertieft wird diese Problematik in Band 2.

a (1) den Erkenntnisgewinn; (2) neuem Wissen; (3) Schlüsselthemen; (4) die Forschungsgemeinschaft; (5) tragfähig; (6) zu stärken; (7) ‚Matthäus-Effekt'; (8) beste Forschungsbedingungen

b 1 Text D, C; 2 Text A; 3 Text C; 4 Text D

 Literaturrecherche, -beschaffung und -dokumentation

Da es zahlreiche Bücher gibt, in denen dieses Thema ausführlich behandelt wird, beschränken wir uns auf einige ausgewählte Fragestellungen, die – soweit wir das überblicken – in anderen Veröffentlichungen eher nicht behandelt werden, die wir aber sehr hilfreich für Studierende halten. Insbesondere die Literaturdokumentation behandeln wie sehr knapp; lediglich **Aufgabe h** sowie der Infokasten beziehen sich darauf.
Etwas ausführlicher werden Literaturrecherche und -beschaffung besprochen. In den **Aufgaben a** und **b** geht es darum, sich mit den wichtigsten wissenschaftlichen Werken sowie deren korrekten Bezeichnungen vertraut zu machen. Die **Aufgaben c** bis **e** lenken den Blick auf die Recherchestrategien. Wir stützen uns hier auf eine an der Universität Augsburg entstandene Bachelorarbeit (Fink 2008), für die 278 Studierende befragt worden sind. Mit diesen drei Aufgaben bezwecken wir in erster Linie die (kritische) Reflektion der Praktiken der Lernenden. Mit **Aufgabe f** sollen eventuell bestehende Wissenslücken über die Grundlagen der Literaturrecherche und -beschaffung geschlossen werden. Übung g regt dazu an, diesbezüglich Neues auszuprobieren.

a 2 Monographie, 3 Sammelband, 4 Lehrbuch, 5 Festschrift, 6 Fachzeitschrift, 7 Memorandum

b 2 Monografie, 3 Memorandum, 4 Sammelband, 5 Lehrbuch, 6 Fachzeitschrift

d (1) 72 %; (2) 67 %; (3) 53 %; (4) 2 %

f 1a, 2c, 3a, 4c, 5b, 6c, 7b

Lesestrategien

Leseabsichten

Damit die Lernenden eine gezielte Recherche und Auswahl von Forschungsliteratur betreiben können, wird in diesem Unterkapitel thematisiert, wozu sich wissenschaftliche Werke verwenden lassen und welche Informationen sie hergeben. Die Systematisierung wissenschaftlicher Werke nach ihren Merkmalen, Vorteilen und Einsatzgebieten in **Aufgabe a** soll vor Augen führen, dass je nach Thema unterschiedliche Werksformen nützlich sind. Je genauer die Lernenden ihr Thema und ihre Fragestellung wissen, desto genauer können sie die passende Literatur suchen und auswählen.

Aufgabe b leitet zu der Frage hin, nach welchen Prinzipien gelesen werden sollte. Auch die **Aufgaben c** und **d** gehören zu diesem Fragekomplex. Neben der Wissenschaftlichkeit spielt auch der Pragmatismus eine zentrale Rolle. Vor jeder Lektüre das Verhältnis beider Prinzipien auszuloten, halten wir für eine wichtige Voraussetzung erfolgreichen wissenschaftlichen Arbeitens von Studierenden. Dieser Aspekt wird in Band 2 sowie im Intensivtrainer vertieft. Das Gespräch aus Übung b hat sich tatsächlich so zugetragen, mit dem einzigen Unterschied, dass es nicht in Deutsch, sondern in Englisch geführt wurde.

a James: Sammelband; Anton: Fachlexikon; Shantimay: Monografie; Claire: Fachzeitschrift; Joan: Festschrift

d Mögliche Antworten sind:

Pragmatismus	Wissenschaftlichkeit
• ein Thema auswählen, zu dem ich bereits viel Vorwissen habe • ein Thema auswählen, zu dem ich in meiner Muttersprache bereits einen wissenschaftlichen Text geschrieben habe • vorab die Anzahl der Arbeitsstunden festlegen, die Arbeitszeit dokumentieren und die Arbeit abschließen, wenn diese Vorgabe erreicht ist	• die zentrale Forschungsfrage im Laufe des Lesens und Schreibens immer wieder dem aktuellen eigenen Erkenntnisstand anpassen • alle relevanten Neuerscheinungen berücksichtigen, bis zur Abgabe der Arbeit • mehrere Runden der Textrevision durchführen • den Textentwurf andere lesen lassen, mit ihnen einen wissenschaftlichen Diskurs über den Entwurf führen, die Ergebnisse dieser Diskussionen in den Text einfließen lassen

2 Leseprozess, 3 Lesestile, 4 Lesen in der Fremdsprache, 5 Wörterbuchnutzung während des Lesens, 6 PQ4R-Methode

Diese fünf Kapitel basieren auf Helmut Stiefenhöfers (1986) Ausführungen zum Prozess des Leseverstehens. Stiefenhöfer beschreibt die Gleichzeitigkeit und das Ineinanderwirken dreier, lediglich analytisch unterscheidbarer Stufen im Verlauf des Lesens: die Orientierungs-, die Informations- und die Planungsstufe (ebd.: 28 ff.).

I Orientierungsstufe

Zu verstehen als Nachdenken über die geforderte rezeptive Handlung. Sie umfasst drei Aspekte.

1. Zielorientierung:
   - In welchem Zusammenhang zur übergeordneten Tätigkeit steht die Rezeptionshandlung?
   - Welche Funktion kann sie in diesem Kontext erfüllen?

- Welche Informationen fehlen mir?
- Wozu benötige ich diese Informationen?

2. Situationsorientierung:
   - Unter welchen Bedingungen (Zeitfaktor, Störfaktoren wie Lärm und Anwesenheit anderer) kann das Lesen erfolgen?
3. Lösungsorientierung:
   - Entscheidung über Präzisionsanforderungen an den Lesevorgang, Verwendung von Notizen (ja oder nein?)

II Informationsstufe
Die Lesenden suchen nach Texten, die zur Lösung der Kommunikationsaufgabe beitragen können. Sie konsultieren Bibliografien, Inhaltsverzeichnisse und Literaturhinweise. Sie entscheiden sich für oder gegen die Texte. Rückwirkungen auf die Orientierungsstufe sind möglich, da die Zielpräzisierung beeinflusst wird.

III Planungsstufe
Einen „leseintentionsadäquaten Handlungsgrobplan" (ebd.: 134) aufstellen.

IV Textverarbeitungsstufe umfasst, als die eigentliche Rezeption, drei Aspekte:
1. sinnliches Erfassen
2. Verstehen
3. Verarbeiten

Wir stützen uns in unserem Buch auf eine vereinfachte – und damit praktikablere – Version dieses Modells. Sämtliche Übungen und Hinweise verfolgen dasselbe Ziel: sich bewusst darüber zu werden, was genau man beim Lesen tut und auf dieser Grundlage zu reflektieren, ob das alles sinnvoll ist oder ob einige Veränderungen dazu führen könnten, effektiver zu lesen. Denn es gilt der Grundsatz: Das Zielbewusstsein beeinflusst die Leseeffektivität (ebd.: 68). Mit Stiefenhöfer verfolgen wir die folgenden drei Teilziele:

1. Die Lernenden an eine Selbstbeobachtung heranführen. → Leseprozess, Lesen in der Fremdsprache, Wörterbuchnutzung während des Lesens
2. Die Lernenden davon überzeugen, ihre Verarbeitungskapazität variabel einzusetzen. → Lesestile (ebd.: 119 ff.)
3. Die Lernenden dazu anhalten zu überprüfen, inwieweit ihr Leseverhalten ihre Leseintentionen erfüllt. → PQ4R-Methode

Das Lesen für das Studium hat nur wenig mit dem gesteuerten Lesen im DaF-Unterricht zu tun. Wissenschaftliche Texte müssen gelesen werden, ohne dass Aufgaben vorgegeben sind, die das Ziel des Lesens bestimmen. Die Lernenden müssen entscheiden, mit welchem Ziel sie einen Text lesen und wie gründlich sie ihn lesen. Dabei müssen die Lernenden selbstständig handeln und kognitive, affektive sowie soziale Strategien einsetzen (siehe Kapitel A, Autonomes Lernen). Der Austausch darüber kann im Kurs bereichernd für alle sein.

2 Leseprozess

a Hier gibt es viele mögliche Antworten. Sinnvoll sind u. a. die folgenden Empfehlungen:
Wenn ich einen Text für die Uni lesen muss, dann nehme ich das sehr ernst. Ich habe Angst etwas zu übersehen, deshalb lese ich den Text sehr gründlich. Aber das dauert sehr, sehr lange. – Die Sorge, wichtige Aussagen zu übersehen, ist nachvollziehbar. Um den Prozess zu beschleunigen, könnten Sie sich angewöhnen, zwei Lesedurchgänge zu machen. Der erste Lesedurchgang dient dazu, sich

einen ersten Überblick über den Inhalt zu verschaffen. Erst beim zweiten Lesedurchgang lesen Sie gründlicher und vertiefen sich in alle Details, die für Ihr Thema bzw. Ihre Fragestellung wichtig sind.

Wenn ich einen Text habe, überfliege ich den Text nicht und verschaffe mir keine Orientierung, ich lese immer gleich „richtig" los. – Diese Lesestrategie wird von Leseprofis nicht empfohlen, denn sie ist ein Grund dafür, warum Leseprozesse sehr lange dauern können (siehe die erste Aussage und den Kommentar dazu).

Ich mache mir das Ziel des Lesens nicht immer klar, ich lese, weil ich denke, dass ich alles gelesen haben muss, was von mir erwartet wird. – Auch das ist eine eher ungünstige Strategie. Sie sollten stets zielgerichtet lesen, um einen Bezugspunkt für Ihr Lesen zu haben, an dem Sie Ihre Entscheidung darüber orientieren können, wie oberflächlich bzw. wie gründlich Sie lesen. Das Ziel, einen Text zu lesen, weil das von Ihnen erwartet wird, ist zu unspezifisch. Sie sollten sich konkreter überlegen, was Sie durch die Beschäftigung mit dem Text lernen wollen.

b

Vorbereitung	**Während des Lesens**	**Nachbereitung**
– die Eignung der Texte überprüfen – Erwartungen an die Texte formulieren – die Lesezeit festlegen – die Motivation prüfen – die Lesesituation gestalten – Fragen an den Text stellen – Informationen über Kontext suchen (Autor, Diskurs, Quelle)	– die Argumentation nachvollziehen – Markieren / Unterstreichen – Begriffe klären – eine grafische Veranschaulichung nutzen – Fragen an den Text stellen – den Lesefortschritt und die Zielorientierung prüfen	– Informationen aus dem Text in einen eigenen Text integrieren – den Text reflektieren – eine Zusammenfassung schreiben – Gelesenes mit anderen Texten in Beziehung setzen – Sekundärliteratur einsetzen – Wörterbücher und Lexika benutzen – den Text rekapitulieren – Fragen an den Text beantworten – das Leseergebnis dokumentieren

3 Lesestile

a Anna: kursorisches Lesen; Karim: analytisches Lesen; Yi: detailliertes Lesen; Patricia: selektives Lesen.

b 1 Vorbereitung des Lesens: kursorisches Lesen; 2 Während des Lesens: kursorisches, detailliertes, analytisches und / oder selektives Lesen; 3 Nachbereitung: detailliertes Lesen oder analytisches Lesen

4 Lesen in der Fremdsprache

a Vorschläge für eine Liste mit Empfehlungen:

- Das eigene Leseverhalten beobachten: Übergehe ich Sprachmaterial, das mir nicht bekannt ist? Wenn diese Verhaltensweise zutrifft, gezielt entgegenwirken und sich das Sprachmaterial erschließen.
- Sich für typische grammatische Strukturen in der Wissenschaftssprache sensibilisieren, sie gezielt zur Erschließung der zentralen Aussagen von Texten nutzen. Frequente Wendungen (z.B. *vorausgesetzt, dass… / es sei denn …*) auf Karteikarten notieren.
- Sich selbst einen Lernprozess in der Fremdsprache zugestehen, Geduld haben, realistische Ziele stecken. Wissenschaftliche Texte zum eigenen Fachgebiet auch in der Muttersprache lesen, soweit sie zugänglich bzw. vorhanden sind.
- Ein privates Wörterbuch / ein Vokabelheft / eine Vokabel-App anlegen mit Wörtern und Kollokationen der Alltäglichen Wissenschaftssprache sowie mit Wörtern, die eine grammatische Funktion haben.
- Sich die in der Muttersprache erworbenen Fähigkeiten und Erfahrungen bewusst machen und versuchen, diese in die Fremdsprache zu übertragen, z.B. die Technik, Hypothesen über den Text aufzustellen und auf diese Weise automatisiert vorwegzunehmen, was als nächstes im Text passieren wird.
- Trainieren, eine wort- und satzisolierte Leseweise zu überwinden. Trainieren, Zusammenhänge zu erkennen und zu verstehen, z.B. durch Strukturen der Rück- und Vorverweise.
- Den Textaufbau sichtbar machen, durch Notizen am Rand, um die Bezüge besser nachvollziehen zu können. Strukturmarkierer (z.B. *obwohl, dennoch, nur wenn …* etc.) farbig hervorheben.

Zusätzlich ist es sicher ratsam, die Studierenden darauf hinzuweisen, dass es zu grundlegenden Werken oft Lektürehilfen gibt, die die Werke einfacher und verständlicher zusammenfassen.

5 Wörterbuchnutzung während des Lesens

d Ihre Stichpunkte könnten so ähnlich aussehen:

- Diskussion seit 1980er Jahren: Germanistik als kulturwissenschaftliches Fach?
- Kern der Debatte: Daseinszweck der Germanistik → neu bestimmen
- paradigmatisch: „cultural turn"
- der mit dem „cultural turn" verbundene, erweiterte Textbegriff befördert einen interdisziplinären Ansatz sowie die fachliche Selbstreflexion (Hermann 2001: 70f.)
- paradigmatisch: „Kultur als Text" (Clifford Geertz)
- Kulturbegriff nach Clifford Geertz: „ein vom Menschen geschaffenes Bedeutungsgewebe, das im Prozess der Kulturanalyse interpretiert werde" (Nünning 2008: 393)

6 PQ4R-Methode

a **1 PREVIEW:** Worum geht es in dem Text?

In dem Text geht es um die Frage, auf wie viele wissenschaftliche Titel sich eine wissenschaftliche Arbeit beziehen muss. In dem Text werden verschiedene Hilfestellungen gegeben, um eine fundierte Entscheidung über den Umfang der Literatur, die einbezogen werden soll, treffen zu können.

Was empfiehlt der Text?

In dem Text wird dargelegt, dass die Frage nach dem Umfang der Forschungsliteratur nicht grundsätzlich, sondern immer nur auf eine konkrete wissenschaftliche Arbeit beantwortet werden kann.

Ausschlaggebend ist neben der Textsorte das Thema. Ganz am Ende des Textabschnittes wird als konkreter Anhaltspunkt eine Angabe für studentische Texte vorgenommen, die sich an der Anzahl der Quellen pro Seite orientiert.

Wie viele Abschnitte hat der Text?
Der Text ist in fünf Abschnitte untergliedert.

2 QUESTIONS: Welche Fragen könnten an den Text gestellt werden?
Hier eine Auswahl möglicher Fragen an den Text:

1. Für welche Fächer unterbreiten die Autoren ihre Vorschläge hinsichtlich des Umfangs der Literatur?
2. Auf welche wissenschaftlichen Werke bzw. Textsorten beziehen sich die Vorschläge der Autoren?
3. Welche Vorgaben machen die Autoren?
4. Welche Vorschläge haben die Autoren für die konkrete Umsetzung ihrer Vorschläge?
5. Wovon raten die Autoren ab?

3 READ: Unterstreichen und markieren Sie Wichtiges.
Bitte beachten Sie, dass es bei dieser Übung keine richtigen oder falschen Lösungen gibt. Was Sie unterstrichen haben, sollte abhängig sein von den Fragen, die Sie eingangs formuliert haben. Sie haben die Übung dann sinnvoll bearbeitet, wenn Ihnen Ihre Unterstreichungen und Markierungen helfen, Ihre Fragen zu beantworten. Die hier dargestellten Unterstreichungen und Markierungen beziehen sich auf die fünf oben genannten möglichen Fragen. Wie Sie an diesem Beispiel sehen, ist es durchaus möglich, dass Sie Fragen an den Text gestellt haben, die nicht beantwortet werden. Sie haben in diesem Fall keinen Fehler gemacht, sondern müssten an anderer Stelle nach Antworten auf Ihre Fragen suchen.

Textauszug mit Unterstreichungen	**Fundstellen zu eigenen Fragen**
Quantitativ angemessener Literaturrahmen	
Was in quantitativer Hinsicht als angemessene Literaturauswahl gilt, bestimmt sich einerseits an der Breite und Tiefe der Themenstellung, andererseits ebenfalls am Typ und Umfang der jeweiligen Arbeit und an dem für die Anfertigung eingeräumten Zeitrahmen. Die grundlegende Zielvorstellung ist, dass der Stand der bisherigen Forschung zum Thema umfassend aufgearbeitet und als Basis für die eigene Untersuchung verwendet wird. Die daraus resultierende Anforderung, die gesamte für das Thema wesentliche nationale und internationale Literatur (Bücher, Dissertationen, Beiträge in Fachzeitschriften und Sammelwerken) heranzuziehen, kann jedoch angesichts der Vielzahl verfügbarer Quellen in der Regel erst für umfangreichere wissenschaftliche Arbeiten erhoben werden,	3.
also für Diplomarbeiten und Masterarbeiten mit mindestens 6 Monaten Bearbeitungsdauer sowie für Dissertationen und Habilitationsschriften. In Seminar- und Bachelorarbeiten dürfen sich die Autorinnen und Autoren noch stärker auf einige für das jeweilige Thema zentrale Quellen konzentrieren.	2.

Bei der Einschätzung, ob eine konkrete Anzahl von Titeln angemessen hoch oder zu niedrig ist, spielt zudem die Art des Themas eine Rolle. Liegt ein Thema zugrunde, das wegen seiner Aktualität und/oder Spezifität in der Literatur bislang nicht oder nur in geringem Maße bearbeitet wurde, oder gibt es nur einige wenige, dabei aber sehr zentrale Quellen zu diesem Thema, liegt die Anzahl der sog. ‚einschlägigen' damit zu berücksichtigenden Titel deutlich niedriger als bei einem von Forschern seit langem bearbeiteten Thema. Dies ergibt sich unmittelbar daraus, dass der bereits erreichte Forschungsstand als Ausgangsbasis verwendet werden soll: dieser kann je nach Thema unterschiedlich ausfallen. 3.

Nur die für die Themenbearbeitung tatsächlich herangezogenen und in der Arbeit zitierten Quellen sind in das Literaturverzeichnis aufzunehmen.

Häufig bleibt trotz der vorstehenden Hinweise Unsicherheit bei den Studierenden darüber bestehen, welche Anzahl an Quellen im Literaturverzeichnis von den Gutachterinnen und Gutachtern als angemessen betrachtet wird. Diese Studierenden können sich unter Beachtung der obigen inhaltlichen Aussagen ergänzend an folgender grober Daumenregel für Studienarbeiten orientieren: 4.

Pro Textseite sollten mindestens 1–2 themenspezifische Quellen zitiert werden. Bei kürzeren Arbeiten (z.B. Seminararbeiten von 15 Seiten) orientiere man sich eher an der oberen Grenze (30 Quellen als angemessene Zahl), bei längeren Arbeiten (Masterarbeit von 60 Seiten) eher an der unteren Grenze (60 Quellen als angemessene Zahl).

Quelle: Bänsch, A. / Alewell, D. (2013): Wissenschaftliches Arbeiten, Oldenbourg Wissenschaftsverlag GmbH, München, S.8–9

kein Anhaltspunkt für 1.

kein Anhaltspunkt für 5.

6 REVIEW: Kurze Zusammenfassung des Textes.
Bitte beachten Sie, dass es auch bei dieser Übung keine richtigen oder falschen Lösungen gibt. Entscheidend ist, dass Sie in Ihrer Zusammenfassung Ihre eingangs formulierten Fragen beantworten. Das Beispiel bezieht sich auf die oben notierten Fragen. Wie Sie an dem Beispiel sehen, ist es sinnvoll, mit einer prägnanten Themenbenennung zu beginnen.

Thema: In dem Text geht es um die Frage, auf wie viele wissenschaftliche Titel sich eine wissenschaftliche Arbeit beziehen muss. In dem Text werden verschiedene Hilfestellungen gegeben, um eine fundierte Entscheidung über den Umfang der Literatur, die einbezogen werden soll, treffen zu können.
Fachspezifik: Im Text finden sich keine Anhaltspunkte dafür, dass die Autoren ihre Vorschläge hinsichtlich des Umfangs der Literatur für bestimmte Fächer unterbreiten. Vielmehr sind ihre Ausführungen allgemeiner Art.
Textsorten: Die Vorschläge der Autoren beziehen sich auf studentische Texte, diese grenzen sie von Dissertationen und Habilitationen ab.
Vorgaben: Für studentische Texte machen die Autoren keine allgemeingültigen Vorgaben. Sie beantworten die Frage nach dem Umfang der Forschungsliteratur immer auf eine konkrete wissenschaftliche Arbeit bezogen. Ausschlaggebend sind, so die Autoren, Textsorte und Thema.
Regel: Maßgeblich ist die Anzahl der Quellen pro Seite:

- pro Textseite mindestens ein bis zwei Quellen zitieren.
- Seminararbeiten (15 Seiten): 30 Quellen.
- Masterarbeit (60 Seiten): 60 Quellen.

Was vermeiden: Im Text finden sich keine Anhaltspunkte dafür, wovon die Autoren abraten.

Leseverständnis

Kapitel D ist deduktiv aufgebaut, also so, dass es sich trichterförmig erst dem Allgemeinen und dann dem Speziellen widmet. Mit diesem Unterkapitel sind wir nun auf der Mikroebene angelangt. Wir betrachten und üben jene Textphänomene, die laut Stiefenhöfer (1986: 60) ausschlaggebend für das Leseverständnis sind.

1 Grammatische Strukturen

Aufgabe 1a bis d: In diesem Text finden die Lernenden die bereits in Kapitel C thematisierten Grammatikstrukturen in einem Text vor, der nicht leicht zu verstehen ist. Durch das Heraussuchen der Strukturen soll den Lernenden die Funktion dieser Strukturen für den Text verdeutlicht werden. Gleichzeitig sollen im Gespräch mögliche Strategien für den Umgang mit schwer zugänglichen Texten besprochen werden, das Gespräch darüber kann zu Vorschlägen führen, wie z. B. Passivsätze in Aktivsätze umwandeln, komplexe Partizipialkonstruktionen in Relativsätze auflösen etc. Auch die Andersartigkeit der Reihung der Informationen in einem deutschsprachigen Text kann hier noch einmal verdeutlicht werden, etwa, indem man einzelne Sätze in die Muttersprache übersetzt.

a

Struktur	Zeile	Beispielsatz
Reflexive unpersönliche Verben	1–4	Was in quantitativer Hinsicht als angemessene Literaturauswahl gilt, bestimmt sich einerseits …
	20–21	Dies ergibt sich unmittelbar daraus, dass der bereits erreichte Forschungsstand als Ausgangsbasis verwendet werden soll:
Passiv	4–6	Die grundlegende Zielvorstellung ist, dass der Stand der bisherigen Forschung zum Thema umfassend aufgearbeitet und als Basis für die eigene Untersuchung verwendet wird.
Passiv mit Modalverben	6–11	Die daraus resultierende Forderung, (…) kann jedoch angesichts der Vielzahl verfügbarer Quellen in der Regel erst für umfangreichere wissenschaftliche Arbeiten erhoben werden, (…)
	30	Pro Textseite sollten mindestens 1–2 themenspezifische Quellen zitiert werden.
Passiversatz	23–24	Nur die für die Themenbearbeitung tatsächlich herangezogenen und in der Arbeit zitierten Quellen sind in das Literaturverzeichnis aufzunehmen.
Gerundiv	18/19	… und damit zu berücksichtigenden Titel deutlich niedriger als …
Konjunktiv I	30–33	Bei kürzeren Arbeiten (z. B. Seminararbeiten von 15 Seiten) orientiere man sich eher an der oberen Grenze (…)

c 2 Die Anforderung, die daraus resultiert, kann jedoch erst für umfangreichere wissenschaftliche Arbeiten erhoben werden. 3 Die Anzahl der sogenannten ‚einschlägigen' Titel, die zu berücksichtigen sind, liegt deutlich niedriger. 4 Die Anzahl der Titel liegt deutlich niedriger als bei einem Thema, das von Forschern seit langem bearbeitet wird. 5 Dies ergibt sich unmittelbar daraus, dass der Forschungsstand, der bereits erreicht wurde, als Ausgangsbasis verwendet werden soll. 6 Nur die Quellen, die für die Themenbearbeitung tatsächlich herangezogen und in der Arbeit zitiert werden, sind in das Literaturverzeichnis aufzunehmen.

d 2 Themenstellung: ein Thema, das gestellt wurde; 3 Themenbearbeitung: ein Thema, das bearbeitet wurde; 4 Literaturverzeichnis: Literatur, die verzeichnet wurde

2 Wortschatz

Aufgabe 2 lenkt das Augenmerk noch einmal auf den Wortschatz, auf Ausdrücke der AWS und Kollokationen. Sie dient als Anregung für das selbstständige Erarbeiten des Wortschatzes aus wissenschaftlichen Texten. Hilfreich kann es zum Beispiel sein, sich die typischen Metaphern des eigenen Faches über Texte zu erschließen und zu sammeln, um sie so für das eigene Schreiben nutzbar zu machen.

a

Bildfeld „Sehen"	Bildfeld „Maß"	Bildfeld „Feld"
zu berücksichtigenden, betrachten, sich orientieren	der Umfang, Breite, Tiefe, umfangreich, in geringem Maße,	grundlegend, der Stand, Quelle umfassend, zugrunde liegen, sich orientieren, hoch, niedrig, vorstehenden, obere Grenze, untere Grenze

b 2 Literatur heranziehen; 3 ein Thema liegt zugrunde; 4 etwas als Ausgangsbasis verwenden; 5 etwas in das Literaturverzeichnis aufnehmen; 6 Unsicherheit bleibt bestehen; 7 etwas als angemessen betrachten

3 Satzübergreifende Bezüge

Aufgabe 3 macht die Zusammenhänge im Text deutlich: zum einen inhaltliche Zusammenhänge, zum anderen grammatische, über den einzelnen Satz hinüberausgehende Zusammenhänge. Wie bereits festgestellt, tendieren gerade nicht-muttersprachliche Leser_innen zu einem wort- und satzisolierten Lesen (Stiefenhöfer 1986: 60). Diese Art von Aufgaben ist geeignet, um diesem entgegenzuwirken.

a 1 Bei Texten, „die komplexe oder abstrakte Themen behandeln sowie bei Texten, zu denen die Lesenden eine große historische oder kulturelle Distanz haben" (Kruse 2010: 37), ist es besonders notwendig, die Tiefenstruktur zu entschlüsseln.
2 Kruse beschreibt als wissenschaftliche Handlungen in Texten erstens die Durchsetzung einer neuen Sicht und zweitens die Verteidigung einer etablierten Sicht.
3 Bei der Rekonstruktion der Aussagen und ihrer Struktur ist die Textart zu berücksichtigen.

b

1. Prinzip:	**2. Prinzip:**
Verhältnis von Detail und Ganzem: Textpassagen sind nur zu verstehen, wenn man den Gesamttext erfasst und andersherum.	Verhältnis von Text und Kontext: Texte sind nur mit Kontextwissen zu verstehen.

c Zeile 7/8: (...) *dass man ein Verständnis von einzelnen Textpassagen nur gewinnen kann, wenn man den Gesamttext versteht und umgekehrt, dass man den Gesamttext nur verstehen kann, wenn man die einzelnen Teile kennt.*

→ Bedingungssatz mit „wenn"; die Bedingung wird durch „nur" verstärkt. Nur wenn x der Fall ist, tritt y ein.

d Zeile 8–12: *Es ist also ein abwechselndes Lesen nötig, das sich zunächst einen Überblick verschafft, um daraus eine erste Zusammenfassung des Textes zu gewinnen. In einem zweiten Schritt sind die einzelnen Textpassagen durchzuarbeiten, um die Details im Lichte der Gesamtbedeutung des Textes zu interpretieren.*

→ Temporales Adverb: zunächst, Pronominaladverb: daraus, Redemittel: in einem zweiten Schritt

e Durch **Wortschatz**: nötig sein: *Das ist bei Texten nötig, (...) Es ist also ein abwechselndes Lesen nötig, (...);* wichtig sein: *Für das Textverständnis wichtig ist die Rekonstruktion der Aussagen und ihrer Struktur.*

Durch **Grammatik**: sein + zu + Infinitiv (Passivparaphrase): *In einem zweiten Schritt sind die einzelnen Textpassagen durchzuarbeiten. Der Text ist gegen konkurrierende Texte zu lesen und in den fachlichen und historischen Rahmen einzubetten. Hier ist zunächst zu berücksichtigen, welche Art von Text man vorliegen hat.*

Passiv + Modalverb: *Jede Textart fußt auf unterschiedlichen Darstellungseinheiten, die für die Rekonstruktion herangezogen werden müssen.*

f Sich einen Text zu erarbeiten, heißt, seine Tiefenstruktur zu entschlüsseln. Das ist bei Texten nötig, die komplexe oder abstrakte Themen behandeln sowie bei Texten, zu denen die Lesenden eine große historische oder kulturelle Distanz haben. Zwei Prinzipien spielen bei der Entschlüsselung von Texten eine besondere Rolle: das Verhältnis von Detail und Ganzem und das Verhältnis von Text und Kontext.

Das Verhältnis von Detail und Ganzem besagt, dass man ein Verständnis von einzelnen Textpassagen nur gewinnen kann, wenn man den Gesamttext versteht und umgekehrt, dass man den Gesamttext nur verstehen kann, wenn man die einzelnen Teile kennt. Es ist also ein abwechselndes Lesen nötig, das sich zunächst einen Überblick verschafft, um daraus eine erste Zusammenfassung des Textes zu gewinnen. In einem zweiten Schritt sind die einzelnen Textpassagen durchzuarbeiten, um die Details im Lichte der Gesamtbedeutung des Textes zu interpretieren. Dabei bedingt die Detailsicht die Gesamtsicht ebenso, wie die Gesamtsicht das Detail verstehen hilft.

Das zweite Verhältnis ist das von Text und Kontext. Der Text ist gegen konkurrierende Texte zu lesen und in den fachlichen und historischen Rahmen einzubetten. Jeder Text greift etwas auf, das kontextspezifisch ist und bringt etwas ein, das Kontext zuwiderläuft. Viele Texte versuchen, eine neue Sicht gegen andere zur Geltung zu bringen oder verteidigen eine etablierte Sicht gegen Neuerer.

Für das Textverständnis wichtig ist die Rekonstruktion der Aussagen und ihrer Struktur. Hier ist zunächst zu berücksichtigen, welche Art von Text man vorliegen hat. Jede Textart fußt auf unterschiedlichen Darstellungseinheiten, die für die Rekonstruktion herangezogen werden müssen.

g

Rückverweise	Vorverweise
das, die, denen, also, das, daraus, dabei, das, das, ihrer, hier	nur, nur, ebenso, etwas, etwas

4 Metakommunikation

Aufgabe 4 behandelt das Thema Metakommunikation. Während einer Schreibwerkstatt für französischsprachige Promovierende fiel uns der besondere Charakter der von ihnen produzierten deutschsprachigen Wissenschaftstexte auf. Aus irgendeinem Grund wirkten diese untypisch. Unsere Analyse ergab, dass die Nachwuchswissenschaftler_innen die für die französische Wissenschaftssprache typische Metakommunikation einsetzten. Daraus ergab sich für uns als deutschsprachige Leserinnen der Eindruck von Redundanz. Auf diese Weise für das Thema der Metakommunikation sensibilisiert, vertieften wir unsere Beschäftigung damit und gelangten zu den folgenden Einsichten:
Die Metakommunikation ist je nach Wissenschaftssprache und -kultur unterschiedlich ausgeprägt. Daher ist der kontrastive Ansatz unerlässlich, um die Lernenden zu befähigen, typische Texte zu produzieren.
Bevor die Lernenden eigene Texte verfassen, ist es sinnvoll, die Texte anderer hinsichtlich der Metakommunikation auszuwerten. Hierbei geht es darum, metakommunikative Sprechakte für die Lernenden identifizierbar zu machen. In der deutschen Wissenschaftssprache sind das weniger die direkten, als vielmehr die indirekten Formulierungen.
Die Beschäftigung mit der Metakommunikation ist noch aus einem anderen Grund sinnvoll: Vielen Lernenden fällt es schwer, das wort- bzw. satzisolierte Lesen zu überwinden (Stiefenhöfer 1986: 60). Aber nur dann, wenn sie größere Textzusammenhänge überblicken, erschließen sie die Argumentation. Deshalb ist es wichtig, dass sie die metakommunikativen und argumentativen Sprachsignale, z. B. Konnektoren, „welche die logische Struktur eines Textes an der Oberfläche manifestieren" (ebd.: 257), identifizieren und verstehen.
Diese Kompetenz ist zudem die Voraussetzung für ein antizipierendes Lesen – bei geübten Lesenden ein verinnerlichter Vorgang, der in der Vorwegnahme der zu erwartenden Äußerungen besteht (vgl.: ebd.: 27). Bestimmte metakommunikative und argumentative Sprachsignale lösen einen Wiedererkennungseffekt aus, welcher zur gedanklichen Ergänzung des Argumentationsgangs im Text und somit zu einem effektiven Lesen führt.

Die **Aufgaben 4a bis c** sind als Einstieg in die Thematik zu verstehen. Eine Vertiefung erfolgt in Band 2.

a **2 Teilsätze: d**er Verständlichkeit halber wird eine Umschreibung für ‚transkribieren' nachgeliefert: *d.h. wortgetreu protokolliert (Z. 4);*
der Verständlichkeit halber wird eine Umschreibung für Indikatoren nachgeliefert: *– anders gesagt Anzeiger –* (Z. 12)
3 Ganze Sätze: Eine Beschreibung wird um einen zusammenfassenden Satz ergänzt: *Das Verfahren wird also in drei Schritten vollzogen.* (Z. 6)
Erläuterung für Fachfremde bzw. Laien: *Der Vergleich von Individuen mit einer repräsentativen Gruppe, um Störungen oder Persönlichkeitsmerkmale zu finden, ist in der Psychologie üblich (Z. 8–10).*
4 Oberbegriff: Hinzufügung eines Oberbegriffs: *die Software* Precire (Z. 5)
5 Unterbegriff: Hinzufügung eines Beispiels für psychische Erkrankungen: *z.B. Depression (Z. 2/3)*
6 Grafische Elemente / Satzzeichen: Für eine kritische Einfügung: runde Klammer; vor einer Erklärung, mit einer stärkeren Wirkung als ein Komma: Semikolon

5 Logische Strukturen: Konnektoren

Auch mit diesem Unterkapitel betreten wir schreibdidaktisches Neuland. Bei der Ausarbeitung der Übungen und Hinweise orientierten wir uns an der Dissertation von Thorsten Pohl (2007). Nach Pohl führen geübte Schreibende die metakommunikative Textorganisation und das wissenschaftliche Argumentieren zusammen. Die Vorgänge der Textorganisation werden als zentrale argumentativ wirksame Texthandlungen eingesetzt. Somit ist die Metakommunikation funktional für die Argumentation. Das bedeutet jedoch zugleich, dass Metakommunikation und Argumentation nicht eindeutig voneinander zu unterscheiden, sondern dass die Übergänge zwischen ‚reinen' textorganisierenden Elementen und Mitteln der Argumentation fließend sind (ebd.: 394).
Auf der Grundlage von Analysen studentischer Texte beschreibt der Autor drei Vorstufen: 1) die reine Ankündigung, 2) die darstellungstechnische Ankündigung und 3) die das Leseverständnis sichernde Ankündigung (ebd.: 393).
Wenn die Studierenden in der Lage sind, die Vorgänge der Textorganisation als zentrale argumentativ wirksame Texthandlungen zu erkennen und einzusetzen, haben sie ein zentrales Ziel ihrer Sozialisation in die Wissenschaft erreicht. Weitergedacht führt die Kompetenz, argumentativ verschaltete Ankündigungen zu formulieren, dazu, die wissenschaftliche Eigenleistung sichtbar machen zu können. Denn in diesen Ankündigungen verdichten sich die Arbeitsprozesse; sie können nur dann ausformuliert werden, wenn im Vorfeld sehr viel Denkarbeit stattgefunden hat. Diese Fähigkeit wird in Band 2 sowie im Intensivtrainer eingeübt.
Was Pohl nicht erwähnt, was uns aber bei der Analyse der Texte französischsprachiger Promovierender deutlich wurde, ist die Tatsache, dass die Verschränkung von Metakommunikation und Argumentation ein spezifisches Merkmal der deutschen Wissenschaftssprache ist. Dass die Metakommunikation funktional für die Argumentation ist, gilt nicht universell, sondern für die deutsche Wissenschaftssprache.

In den **Aufgaben 5a bis d** konzentrieren wir uns auf die Konnektoren als zentrale sprachliche Mittel zur Herstellung logischer Strukturen. Dabei werden bereits bekannte Konnektoren wiederholt sowie vermutlich bislang unbekannte Konnektoren eingeführt und geübt. Ausgebaut wird das Thema des Argumentierens in Band 2.

a

Precire ist ein computergesteuertes, psycholinguistisches Analyseverfahren; es untersucht die Sprechweise von Menschen und zieht daraus Rückschlüsse auf psychische Erkrankungen, z.B. Depression. Zunächst wird eine 15-minütige Audioaufnahme eines Menschen angefertigt. Diese wird dann per Hand transkribiert, d.h. wortgetreu protokolliert. Die Transkripte werden anschließend ausgewertet, indem die Software *Precire* sie mit den Daten einer Vergleichsgruppe abgleicht. Das Verfahren wird also in drei Schritten vollzogen.
Die Vergleichsgruppe setzt sich zusammen aus 5.000 repräsentativ ausgewählten Menschen, die sich mehreren psychologischen Tests unterzogen haben. Der Vergleich von Individuen mit einer repräsentativen Gruppe ist in der Psychologie (ungeachtet der methodologischen Probleme) üblich. Dadurch werden Störungen oder Persönlichkeitsmerkmale herausgefiltert. Untersucht werden 200 bis 300 geeignete sprachliche Merkmale, von denen angenommen wird, dass sie Indikatoren – anders gesagt Anzeiger – für psychische Erkrankungen sind.
Die Firma, welche die Software *Precire* entwickelt hat, führt bereits Gespräche mit Arbeitgebern. Diese sind an der Software interessiert, da die ihnen ganz neue Möglichkeiten bei der Neubesetzung von Stellen eröffnet. Indem sie dieses Diagnoseverfahren anwenden, können sie vermeiden, Menschen mit psychischen Erkrankungen einzustellen. In den vergangenen Jahren stieg die Zahl der Arbeitnehmer_innen, die unter psychischen Erkrankungen, insbesondere Depressionen, leiden, stetig an. Infolgedessen sind die Unternehmen mit steigenden Krankmeldungen konfrontiert. Während die Arbeitgeber erwartungsgemäß die ökonomischen Vorteile betonen, kritisieren Datenschützer die problematischen Implikationen von *Precire*, sodass bislang nicht sicher ist, ob *Precire* jemals im Personalwesen von Unternehmen zum Einsatz kommen wird.

zeitliche Abfolge
Mittel
hier: zusammenfassend
Mittel
Begründung
Mittel
Folge
2 Aussagen werden kontrastiert
Folge

b

Konnektoren	**Beispiele im Text**
temporal (Chronologie):	zunächst, dann, anschließend
konditional (Bedingung):	**wenn, falls, vorausgesetzt**
final (Zweck):	**damit**
konsekutiv (Folge):	infolgedessen, sodass
kausal (Begründung):	da
adversativ (Entgegensetzung):	während, **dagegen, wohingegen**
instrumental (Mittel):	indem (2x), dadurch, **dadurch**
konzessiv (Gegengrund):	**jedoch, gleichwohl, obgleich**

c Vgl. die fett gedruckten Wörter in der Tabelle von 5b.

d 1 Vorausgesetzt; 2 wohingegen; 3 Infolgedessen; 4 Indem; 5 Da; 6 Nichtsdestotrotz; 7 Ehe / bevor

Das Schreiben vorbereiten

Exzerpieren

Das Exzerpieren wird auf zwei Doppelseiten kompakt abgehandelt. Ausführlich werden studentische Textsorten in „Wissenschaftlich arbeiten und schreiben" (675311) thematisiert. Der Fokus der Übungen in diesem Unterkapitel liegt darauf, die Handlungen von Autor_innen zu erkennen und zu beschreiben. In **Übung e** findet sich eine Vorlage für ein Exzerpt. Diese gesteuerte Übung können Sie bei Bedarf um eine freie Textübung ergänzen. Wir empfehlen – den Forschungsergebnissen des *Citation Project* (Jamieson 2013) folgend – allen Kursteilnehmer_innen denselben Übungstext vorzulegen und die Arbeitsergebnisse in Kleingruppen auswerten zu lassen.

a Checkliste für Exzerpte

- ✓ Titel sowie Unterüberschriften lesen
- ✓ eigene Fragen an den Text aufschreiben
- ✓ sich grob im Text orientieren
- ✓ gezielt lesen
- ✓ Informationen gezielt verarbeiten durch Anfertigung von Randnotizen
- ✓ zentrale Begriffe und deren Definition herausfiltern
- ✓ aussagekräftige wörtliche Zitate herausschreiben
- ✓ Seitenangaben notieren
- ✓ Hauptaussagen des Textes in eigenen Worten formulieren
- ✓ Angaben zu dem vornehmen, was Sie nicht gelesen haben
- ✓ Hinweise zu Tabellen und Abbildungen notieren, die Sie verwenden möchten
- ✓ Informationen entsprechend der eigenen Fragen an den Text neu gliedern
- ✓ eigene Kommentare und Überlegungen ergänzen

b Markierungen: wichtige Aussagen
Fachbegriffe: unterstrichen

Textauszug	Handlungen der Autoren
Das Schreiben in einer Fremdsprache ist eine Tätigkeit, die einerseits komplizierter, andererseits einfacher ist als das Schreiben in der Erstsprache [...]. Es gibt Gründe dafür anzunehmen, dass für das Schreiben in einer Fremdsprache insgesamt andere Regularitäten gelten als für das Schreiben in der Erst- oder Zweitsprache (damit ist eine „frei beherrschte" zweite Sprache gemeint):	Formulieren einer Feststellung
Es könnte sein, dass das Schreiben in der Fremdsprache sehr viel stärker vom Einfluss der gesprochenen Sprachform geprägt ist, als dies beim Schreiben in der Erstsprache (bzw. der Zweitsprache) der Fall ist (...).	Formulieren einer These
Das Schreiben in einer Fremdsprache ist komplizierter insofern, als die bereits erworbene Fähigkeit des Schreibens erheblich modifiziert, erweitert und angepasst werden muss: – weil die Beherrschung der Fremdsprache zunächst einmal lückenhaft und entwicklungsbedürftig ist, – ein anderes Sprachsystem zu schreiben ist, in dem die Beziehungen zwischen gesprochener und geschriebener Sprachform normalerweise auf andere Weise geregelt sind als in der Erstsprache,	Begründung der oben formulierten Feststellung mit fünf Argumenten

- die kognitiven Automatismen, die für die Erstsprache gelten, in der Zweitsprache oft anders funktionieren, d.h. dass der Schreiber der Fremdsprache sich zunächst einmal Differenzen bewusst machen und neue Automatismen, die von den ersterworbenen säuberlich zu trennen sind, entwickeln muss, - weil sich das Schriftsystem von Erst- und Fremdsprache unterscheiden, müssen andere motorische Routinen entwickelt werden (d.h. Chinesen, Araber, Japaner oder Koreaner, die das Deutsche zu schreiben lernen, müssen die Feinmotorik ihrer Hand, ihres Armes und ihrer Augen systematisch neu trainieren und allmählich ein zweites motorisches System des Schreibens entwickeln), - die pragmatischen, sozialen und stilistischen Konventionen des Schreibens sich von Sprache zu Sprache unterscheiden.	
Andererseits ist das Schreiben in einer Fremdsprache dann einfacher, wenn die Person, deren fremdsprachliche Schreibbemühungen zu betrachten sind, in ihrer Erstsprache bereits schreiben kann, weil sie das Grundprinzip des Schreibens, nämlich die Fixierung sprachlicher Formen und sprachlicher Bedeutungen in der geschriebenen Sprachform, bereits beherrscht. Das ist bei den Schreibern, mit denen man im DaF-Bereich zu tun hat, fast immer der Fall.	Begründung der oben formulierten Feststellung unter Nennung einer Bedingung (wenn – dann)

c ☒ kontrastierend

d Der kontrastierende Textaufbau wird mit den folgenden Wörtern sprachlich umgesetzt: einerseits komplizierter – andererseits einfacher

e

Bibliografische Angabe: Lieber, M. / Posset, J. (1988): Texte schreiben im Germanistik-Studium, Iudicium Verlag GmbH, München, S.27–28

Zeilen-nr.	Zentrale Aussagen	Kommentare
1	Einerseits halten Autoren Schreiben in der Fremdsprache (FS) für komplizierter als in der Erstsprache (ES).	Ab welchem Sprachniveau ist gutes Schreiben möglich?
	Fünf Gründe:	
3	– FS „lückenhaft und entwicklungsbedürftig" (S.27)	
4	– anderes Sprachsystem	
5	– „kognitive Automatismen" (S.28) u.U. nicht übertragbar	Was sind „kognitive Automatismen"?
6	– andere motorische Routinen erforderlich	
7	– Konventionen des Schreibens unterscheiden sich von Sprache zu Sprache	
8	Andererseits relativieren die Autoren diese Aussagen → Hinweis: Schreiben in der FS einfacher unter der Bedingung, dass Person in ihrer ES bereits schreiben kann. Trifft i.d.R. für Schreibende im DaF-Bereich zu.	banale Aussage, kann ohne empirische Studien, auf Grundlage der Alltagserfahrung, getroffen werden

2 Zusammenfassen

Das Zusammenfassen eines wissenschaftlichen Textes schlägt als Aufgabenform eine Brücke vom Lesen zum Schreiben. Das Textverständnis lässt sich anhand einer Zusammenfassung gut überprüfen. Zusammenfassungen zu schreiben, ist sehr komplex: Nach der gründlichen Lektüre des Textes, die auch die inhaltliche Bearbeitung des Textes durch Anmerkungen, Unterstreichungen etc. beinhalten sollte, wird eine erste Zusammenfassung geschrieben, die sich an der gedanklichen Arbeit mit dem Text orientieren sollte. In einem nächsten Schritt wird dieser Entwurf mit dem Originaltext verglichen. Abschließend wird der Text überarbeitet – grammatische und orthografische Fehler werden korrigiert, ebenso wie Inhalt, Aufbau und Abstand zum Originaltext. Wenn der Text nicht gut genug verstanden wurde, wird es den Lerner_innen schwer fallen, zu entscheiden, was weggelassen werden kann und was nicht. Ebenso werden viele Lerner_innen mit Deutsch als Fremdsprache bei der Textüberarbeitung lediglich auf die Ebene der Orthografie und Grammatikfehler konzentrieren, was aber nicht ausreichend ist. Hier ist es wichtig, ihren Fokus bei der Textüberarbeitung auch auf die korrekte Wiedergabe von Inhalt und Aufbau zu lenken. Die gefundenen Paraphrasen sollten gemeinsam im Unterricht besprochen werden, da hier viele Lösungen möglich sind.

Diese sehr komplexe Aufgabe, eine Zusammenfassung zu schreiben, kann zunächst auch vereinfacht werden: Möglich ist hier das Vervollständigen einer lückenhaften Zusammenfassung, das Verbessern einer falschen Zusammenfassung, der Vergleich mehrerer Zusammenfassungen oder das Verfassen einer Zusammenfassung auf der Grundlage vorgegebener Stichwörter.

Wir haben in unserem sehr kompakten Abschnitt zur Zusammenfassung den Schwerpunkt auf die sprachlich korrekte Wiedergabe der Aussagen anderer gelegt. Wir greifen hier bereits auch vor auf die Techniken des Zitierens und Paraphrasierens. Diese zentralen Techniken wissenschaftlichen Arbeitens werden in Band 2 ausführlich geübt.

a zufolge: Dativpräposition, wird nachgestellt,
laut: Genitiv, manchmal auch mit Dativ, vorangestellt, meist mit Nullartikel
nach: Dativ, voran- oder nachgestellt, bei Personennamen nur vorangestellt,

Zur Unterscheidung: ‚Laut' wir benutzt bei einer genauen (zitierbare) Wiedergabe, ‚nach' steht bei sinngemäßer Wiedergabe mit der Möglichkeit der Distanzierung, ‚zufolge' wird verwendet bei einer Schlussfolgerung (vgl. Helbig / Buscha 1994: 428).

b Laut Lieber/ Posset (1988: 27) ist das Schreiben in einer Fremdsprache ist zum einen schwieriger, zum anderen einfacher als in der Erstsprache.

Nach Lieber/ Posset (1988: 27) ist das Schreiben in einer Fremdsprache ist zum einen schwieriger, zum anderen einfacher als in der Erstsprache.

c

Indikativ	Konjunktiv – Gegenwart	Konjunktiv – Vergangenheit
sie kommen zu dem Ergebnis	sie kämen zu dem Ergebnis ...	sie seien zu dem Ergebnis gekommen
sie nimmt an, dass...	sie nehme an, dass ...	sie habe angenommen, dass ...
sie stellt fest, dass	sie stelle fest	sie hätte festgestellt
es ist ursächlich	es sei ursächlich	es sei ursächlich gewesen
es wird ausgeführt, dass ...	es werde ausgeführt	es sei ausgeführt worden

es ist zu hinterfragen, ...	es sei zu hinterfragen, ...	es sei zu hinterfragen gewesen, ...
Einwände werden erhoben	Einwände würden erhoben	Einwände seien erhoben worden
es muss angemerkt werden, dass ...	es müsse angemerkt werden	es habe angemerkt werden müssen
es soll dargestellt werden, ...	es solle dargestellt werden, ...	es habe dargestellt werden sollen

d 2 Es gebe Gründe für die Annahme, dass das Schreiben in einer Fremdsprache insgesamt anderen Regularitäten unterliege als das Schreiben in der Erst- oder Zweitsprache.
3 Das Schreiben in einer Fremdsprache könne deshalb als komplizierter beschrieben werden, da die bereits erworbene Fähigkeit des Schreibens erheblich modifiziert, erweitert und angepasst werden müsse.

e *Mögliche Lösung:* Lieber / Posset stellen fest, dass das Schreiben in einer Fremdsprache zum einen schwieriger, zum anderen aber auch einfacher sei. Sie begründen dies mit einem stärkeren Einfluss der gesprochenen Sprache auf das fremdsprachliche Schreiben, mit der Lückenhaftigkeit und Entwicklungsbedürftigkeit der Fremdsprache, mit dem anderen Sprachsystem einer Fremdsprache, in dem es eine andere Beziehung von gesprochener und geschriebener Sprache gebe, mit neuen zu erwerbenden „kognitiven Automatismen" (S. 27) und anderen Konventionen des Schreibens. Die Autoren relativieren diese Aussage durch die Feststellung, dass Menschen, die bereits in ihrer Erstsprache schreiben könnten, dies auch in der Fremdsprache leichter erlernen würden.

TEST

Diese Komplexaufgabe dient der Wiederholung und Vertiefung des Gelernten. Sie können diese Aufgabe als „Demonstrationsübung" (Kruse/ Ruhmann 2003: 110) anlegen. Das bedeutet, die Arbeitsschritte „zu didaktischen Zwecken [ausführlicher darzustellen; U.R.], als sie in der Praxis vollzogen werden" (ebd.: 110). Otto Kruse und Gabriela Ruhmann haben ein Verfahren entwickelt, mit dem sie Studienanfänger_innen vermitteln, wie aus fremden Texten eigene Texte entstehen. Sie reagieren damit auf die Sorge vieler Studienanfänger_innen, „die gelesenen Texte nicht richtig verstanden oder wiedergegeben zu haben." (ebd.: 110) Das Verfahren umfasst vier Arbeitsschritte (ebd.: 111):

1. Den Lesetext auf seine Hauptaussagen reduzieren.
2. Auf dieser Grundlage eine Zusammenfassung schreiben.
3. Die Zusammenfassung überarbeiten, indem die einzelnen Aussagen paraphrasiert werden.
4. Ausgewählte Aussagen kritisch kommentieren.

In unserer Komplexaufgabe haben wir diesem Verfahren drei Arbeitsschritte vorgeschaltet, die das Leseverständnis auf der sprachlichen Ebene herstellen und damit die Voraussetzungen dafür schaffen sollen, die Hauptaussagen des Textes zu identifizieren. Sie finden im Lösungsteil eine ausführliche Textanalyse, mit der Sie in Ihrem Kurs arbeiten können.

a–d

Text in drei Abschnitten	sprachliche Elemente und deren Bedeutung	Satzbezüge	Zentrale Aussage in einem Satz
Die Bundesrepublik Deutschland hat 2009 die Behindertenrechtskonvention der Vereinigten Nationen ratifiziert. Mithin sollen Kinder mit Handicap nicht mehr an Förderschulen, sondern an regulären Schulen unterrichtet werden. Die Inklusion ist somit zum Leitmotiv moderner Unterrichtsgestaltung geworden.	mithin – Eine Folge der Ratifizierung der Behindertenrechtskonvention der UN ist, dass behinderte Kinder an regulären Schulen unterrichtet werden sollen. sollen – Das ist eine politische Vorgabe. Ob diese der Realität entspricht, bleibt an dieser Stelle offen. nicht mehr – Vor 2009 wurden behinderte Kinder an Förderschulen unterrichtet. sondern – Kontrastierung der alten und der neuen Praxis. somit – Bekräftigung der Entgegensetzung sowie Einführung des Fachterminus ‚Inklusion'. moderner – Adjektiv betont Fortschrittlichkeit von Inklusion.	In diesem Abschnitt baut ein Satz auf den nächsten auf.	Die bundesdeutsche Bildungspolitik ist dazu verpflichtet, an den Schulen die Inklusion zu realisieren.
Entgegen diesem bildungspolitischem Anspruch meinen 41 Prozent der Lehrkräfte, Kinder mit Behinderung sollten auf eine spezielle Förderschule gehen – so das Ergebnis einer Forsa-Umfrage. Diese Einschätzung resultiert u.a. aus der alt hergebrachten Praxis, die Schülerinnen und Schüler in Leistungsklassen und Schulformate zu separieren. Im Gegensatz dazu bedeutet Inklusion, die Kinder und Jugendlichen im Klassenverbund ihren Anforderungsprofilen entsprechend zu unterrichten. Dass sich der Wandel so schwerfällig vollzieht, ist zudem dem Umstand geschuldet, dass die Mehrheit der Lehrkräfte über keine sonderpädagogischen Kenntnisse verfügt und keine einschlägigen Weiterbildungen in Anspruch nimmt. Erschwerend kommt hinzu: Wer bereits inklusive Klassen unterrichtet, erhält zu wenig zusätzliche Vorbereitungszeit, die jedoch	entgegen – Kontrastierung von Inklusion und Umfrageergebnis. Hier wird zum ersten Mal deutlich, dass das ‚sollen' von oben keine Entsprechung in der Realität hat. Gedankenstrich + so – Präzisierung der Aussage durch Nennung der Quelle. diese – bezieht sich auf das zitierte Umfrageergebnis. resultiert aus – Hier wird zum ersten Mal ein Begründungszusammenhang hergestellt, und zwar zwischen dem Umfrageergebnis und einer bildungspolitischen Tradition. im Gegensatz dazu – Bekräftigung der bereits vorgenommenen Kontrastierung. bedeutet – Konzept ‚Inklusion' wird kurz erläutert. dass – Feststellung einer Tatsache: Der Wandel vollzieht sich nur langsam. zudem – fügt als weiteren Aspekt die fehlende Qualifizierung der meisten Lehrkräfte hinzu. geschuldet – verweist auf den Begründungszusammenhang zwischen mangelnder Inklusion und fehlender Qualifizierung. erschwerend – Bewertung unterstreicht die Tragweite der fehlenden Vorbereitungszeit.	In diesem Abschnitt gibt es einen Einschub in Gestalt einer Erklärung, was Inklusion bedeutet. Nach diesem Einschub wird die Argumentation fortgeführt.	Einem Inklusionserfolg stehen bislang drei Hindernisse entgegen: Vorbehalte der Lehrkräfte, deren mangelnde Qualifizierung sowie fehlende zeitliche Ressourcen für die Unterrichtsvorbereitung.

Text in drei Abschnitten	sprachliche Elemente und deren Bedeutung	Satzbezüge	Zentrale Aussage in einem Satz
erforderlich wäre, um den hohen Ansprüchen an einen inklusiven Unterricht gerecht werden zu können.	hinzu – ergänzt als weiteren Aspekt die fehlende Vorbereitungszeit. jedoch – Entgegensetzung verstärkt den Hinweis darauf, dass die fehlende Vorbereitungszeit ein Problem ist.		
Bildungspolitische Akteure sehen viel Handlungsbedarf, um das Konzept der Inklusion im Schulsystem zu verankern. Gerade im Hinblick auf die Kinder mit geistiger Behinderung sind noch massive Vorbehalte zu überwinden. Beispielgebend ist hier die Bildungspolitik der skandinavischen Länder.	um zu – als Zweck wird benannt, die Inklusion in den Strukturen zu verankern. gerade im Hinblick auf – lenkt den Fokus auf eine bestimmte Gruppe. noch – verstärkt den bereits erwähnten Handlungsbedarf. beispielgebend – im Sinne von vorbildhaft gemeint. hier – Rückbezug auf die Anforderung, Kindern mit geistiger Behinderung gerecht zu werden.	In diesem Abschnitt baut ein Satz auf den nächsten auf.	Die Bildungspolitik der skandinavischen Länder zeigt, wie Kinder mit geistiger Behinderung erfolgreich in das reguläre Schulsystem integriert werden können.

e Ihre Gesamtzusammenfassung könnte so ähnlich aussehen:
Die bundesdeutsche Bildungspolitik ist dazu verpflichtet, an den Schulen die Inklusion zu realisieren. Einem Inklusionserfolg stehen bislang drei Hindernisse entgegen: Vorbehalte der Lehrkräfte, deren mangelnde Qualifizierung sowie fehlende zeitliche Ressourcen für die Unterrichtsvorbereitung. Die Bildungspolitik der skandinavischen Länder zeigt, wie Kinder mit geistiger Behinderung erfolgreich in das reguläre Schulsystem integriert werden können. Allerdings stellt sich mir die Frage, inwieweit die Erfahrungen, die in Skandinavien gemacht worden sind, auf die bundesdeutsche Bildungspolitik übertragbar sind.

TABUFRAGE

Praxisempfehlung: Diese Frage findet sich – leicht abgewandelt – in dem bereits erwähnten Aufsatz von Otto Kruse und Gabriela Ruhmann (2003: 110). Sie ist eine Frage unter vielen anderen, welche die beiden Autor_innen aus ihrer Praxis wiedergeben, um die Probleme zu beschreiben, mit denen Studienanfänger_innen beim Schreiben ihrer ersten Hausarbeiten konfrontiert sein können.

Lösungsvorschlag: Beim wissenschaftlichen Arbeiten lassen sich Lesen und Schreiben nicht eindeutig voneinander trennen. Beide Handlungen gehen vielmehr ineinander über, wechseln sich ab. Insofern ist die Frage, wie viel Literatur gelesen werden muss, bevor das eigene Schreiben beginnen darf, irreführend. Sobald Sie ein Exzerpt oder eine Zusammenfassung anfertigen, befinden Sie sich bereits mitten im Schreibprozess. Wenn die Frage darauf abzielt, wie viel Literatur insgesamt für einen studentischen Text gelesen werden muss, dann findet sich ein Anhaltspunkt in dem Text im Unterkapitel zur PQ4R-Methode (siehe „Daumenregel" von Bänsch, A. / Alewell, D. 2013: 9).

SELBSTTEST

Hier sei an unsere oben stehenden Erläuterungen zu Beginn des Kapitels erinnert.

Weiterführende Literatur:

Fink, Julia (2008): Informationskompetenz bei der Suche nach wissenschaftlichen Quellen. Eine empirische Studie unter Studierenden der Universität Augsburg (Bachelorarbeit). Online abrufbar unter: http://websquare.imb-uni-augsburg.de/files/BA_JFink_2008_w.e.b.Square.pdf

Jamieson, Sandra (2013): What students' use of sources reveals about advanced writing skills. *Across the Disciplines, 10* (4). Online abrufbar unter: http://wac.colostate.edu/atd/reading/jamieson.cfm

Kruse, Otto / Ruhmann, Gabriela 2003: Aus Alt mach Neu: Vom Lesen zum Schreiben wissenschaftlicher Texte. In: Kruse, Otto/ Jakobs, Eva-Maria/ Ruhmann, Gabriela (Hg.): Schlüsselkompetenz Schreiben. Konzepte, Methoden und Projekte für Schreibberatung und Schreibdidaktik an der Hochschule. Bielefeld: UVW UniversitätsVerlag Webler, 2. Aufl., S.109–121.

Pohl, Thorsten (2007): Studien zur Ontogenese wissenschaftlichen Schreibens. Tübingen.

Stiefenhöfer, Helmut (1986): Lesen als Handlung. Didaktisch-methodische Überlegungen und unterrichtspraktische Versuche zur fremdsprachlichen Lesefähigkeit. Weinheim: Beltz-Verlag.